成都市城乡关系变迁的理论与实践研究

高杰 著

西南财经大学出版社
Southwestern University of Finance & Economics Press

中国·成都

图书在版编目(CIP)数据

成都市城乡关系变迁的理论与实践研究/ 高杰著.—成都:西南财经大学出版
社,2022.9
ISBN 978-7-5504-5502-3

Ⅰ.①成… Ⅱ.①高… Ⅲ.①城乡关系—变迁—研究—成都 Ⅳ.①C912.8

中国版本图书馆 CIP 数据核字(2022)第 149831 号

成都市城乡关系变迁的理论与实践研究
CHENGDU SHI CHENGXIANG GUANXI BIANQIAN DE LILUN YU SHIJIAN YANJIU

高杰 著

责任编辑:乔 雷
责任校对:张 博
封面设计:张姗姗
责任印制:朱曼丽

出版发行	西南财经大学出版社(四川省成都市光华村街55号)
网 址	http://cbs.swufe.edu.cn
电子邮件	bookcj@swufe.edu.cn
邮政编码	610074
电 话	028-87353785
照 排	四川胜翔数码印务设计有限公司
印 刷	四川五洲彩印有限责任公司
成品尺寸	170mm×240mm
印 张	11.25
字 数	282 千字
版 次	2022 年 9 月第 1 版
印 次	2022 年 9 月第 1 次印刷
书 号	ISBN 978-7-5504-5502-3
定 价	68.00 元

前 言

　　城乡融合发展是我国经济转型关键时期的重要任务，是构建以国内大循环为主体、国内国际双循环相互促进的新发展格局的关键支撑。在本世纪初，成都市就开始探索变革城乡关系的实践路径，先后承担了建设"全国统筹城乡综合配套改革试验区""国家新型城镇化综合试点地区"等改革任务，为我国城乡融合发展探索了一系列具有推广价值的创新经验。2019 年，四川成都西部片区入选国家城乡融合发展试验区，承担起建立城乡有序流动的人口迁徙制度、建立农村集体经营性建设用地入市制度、完善农村产权抵押担保权能、搭建城乡产业协同发展平台、建立生态产品价值实现机制五项改革任务，成都市继续为国家城乡融合发展战略探索更加有效的经验、做法。

　　经过长期的探索，成都市的城乡关系实现了由二元分割到融合发展的转变。随着"双循环"国家战略的实施，作为成渝地区双城经济圈的核心城市，成都市在国家整体战略中的地位、作用更加重要，而其在城乡关系领域的积极探索也将成为成都市释放城市竞争力和挖掘发展潜力的重要基础。在此背景下，本书在回顾我国城乡关系理论和历史线索的基础上，系统分析成都市从城乡统筹发展改革到城乡融合发展改革的变迁历程，总结成都市在推动城乡关系变迁过程中的主要做法和重要经验，并提出新阶段成都市进一步推进城乡融合发展的总体思路与建议。本书主要内容包括：

　　第一篇城乡关系的理论脉络与历史逻辑。该篇以我国城乡关系的研究综述和变迁历程为线索，梳理城乡要素与乡村发展的内在关系，总结我国城乡关系变迁面临的阻碍与问题。第 1 章城乡融合的理论基础，为分析城乡融合奠定理论基础。第 2 章我国城乡关系的变迁历程与阶段性特征。本章将我国城乡关系划分为国家行政命令式的城乡分割阶段、工业化快速发展期的城乡关系市场化阶段、城乡统筹发展阶段和乡村振兴战略下的城乡融合阶段，并对不同阶段的城乡关系特征进行总结。第 3 章和第 4 章分析了我国城乡关系发展的阶段性特征，总结了我国城乡融合发展面临的主要矛盾和问题。

第二篇统筹城乡：成都市城乡关系变革的历史探索与经验。该篇以2007—2017年成都市城乡统筹发展的历程为研究对象，总结成都市的做法、成效和经验。第5章归纳了成都市在城乡产权制度、市场体系建设等领域的具体做法。第6章对成都市城乡统筹改革的重要经验做出总结，从改革内容设计、推进机制等角度阐释了成都市城乡统筹改革取得的经验。第7章对成都市城乡统筹改革进行总体评价，从国家宏观战略视角对成都市的改革实践和创新经验做出分析。

第三篇城乡融合：新阶段成都市城乡关系的探索与经验。该篇对四川成都西部片区承担国家城乡融合发展改革试验区以来的实践探索、做法、经验以及面临的现实问题进行梳理和分析，提出成都市实现城乡融合发展目标的总体思路和对策建议。第8章梳理成都市城乡融合发展改革任务推进情况，分别从城乡人口有序流动的迁徙制度、农村集体经营性建设用地入市制度、农村产权抵押担保权能、城乡产业协同发展平台、生态产品价值实现机制五个方面总结成都市的政策创新和实践做法。第9章分析成都市城乡融合发展改革面临的阻碍与问题，从正式制度制约、政策执行阻碍和现实问题等层面梳理推进改革面临的阻碍、问题和风险。第10章提出成都市推进城乡融合发展的总体思路和对策建议，分别针对五项改革任务提出相应的确解思路和具体对策。

本书的出版得到了四川省社会科学院"中国特色'三农'理论与实践研究"科研创新团队的大力支持，在此深表谢意。

高杰
2022 年 6 月

目　录

第一篇　城乡关系的理论脉络与历史逻辑

第二篇 统筹城乡：成都市城乡关系变革的历史探索与经验

第三篇　城乡融合：新阶段成都市城乡关系的探索与经验

第一篇
城乡关系的理论脉络与历史逻辑

　　城乡关系是一个国家社会发展进程中最基础、最核心的关系，是决定一个国家长期发展能力和发展质量的关键因素。城乡关系由二元分割到融合发展的历程是工业化进程中客观经济规律的外在表现，自城乡分工出现伊始，学者们就开始关注城乡关系的内在逻辑和变迁趋势，形成了大量思想成果和理论成果，构成了丰富的城乡关系理论体系，也为城乡关系的实践探索奠定了重要的理论基础。中华人民共和国成立至今，我国的城乡关系经历了城乡分割—城乡统筹—城乡一体化的历史发展阶段，形成了一条具有中国特色的城乡关系变迁路径。进入新发展阶段，我国经济发展呈现出一系列新特征和新矛盾，客观上要求形成与之相适应的、新的城乡关系。党的十九大报告提出"建立健全城乡融合发展体制机制和政策体系"的要求，标志着我国城乡关系进入融合发展的新阶段。但是，城乡关系的变迁要突破原有制度制约，并摆脱制度变迁的路径依赖性，从我国实践角度看，最为关键和核心的问题在于如何构建起城乡要素自由流动和平等交换的体制机制。因此，我们需要充分发挥国内外理论研究的指导作用，在把握城乡关系变迁历史规律的基础上明确现阶段我国城乡融合发展面临的主要矛盾和现实制约，为实现城乡融合发展目标提供理论基础和实践基础。

1 城乡融合的理论基础

1.1 城乡关系理论的学术史脉络

1.1.1 马克思主义经典作家的城乡关系思想

城乡关系是马克思主义政治经济学关注的重要经济关系,以马克思和恩格斯为代表的马克思主义经典作家都对城乡关系及其变迁进行了深入论述。在《神圣家族》《英国工人阶级状况》《德意志意识形态》《共产党宣言》《资本论》等著作中,马克思和恩格斯对人类社会城乡关系的形成、资本主义社会城乡关系的特征以及城乡关系演变的历史规律进行了阐释。

马克思和恩格斯认为,生产力的发展带来社会分工,社会分工专业化水平的不断提高又带来了社会结构的变化。城市和农村是工商业从农业中独立出来后形成的两大社会结构。因此,城乡对立到城乡融合的社会发展进程也是由生产力发展不同阶段的客观规律所决定的。马克思将城市与农村的关系分为三个辩证发展阶段,即城育于乡、城乡对立和城乡融合阶段。马克思指出,"城乡融合"就是社会生产力发展到一定阶段,工农部门分工消失后城乡差异的消除,是城乡发展的最终形态,在城乡融合阶段,社会阶级差别和城乡不均衡现象全部消除。在《共产主义原理》中,恩格斯提出,在未来的共产主义社会中,随着阶级和阶级差别的消灭,城市和乡村之间的对立也将消失,从事农业和工业的都是同一批人,而不再是两个不同的阶级。关于城乡融合的途径,恩格斯认为"通过消除旧的分工,进行生产教育、变换工种、共同享受大家创造出来的福利,以及城乡的融合,使全体成员的才能得到全面的发展"①。

---

① 马克思,恩格斯. 马克思恩格斯选集:第1卷 [M]. 中共中央马克思恩格斯列宁斯大林著作编译局,译. 北京:人民出版社,2012.

马克思和恩格斯反对城乡对立,认为城乡对立会带来消极影响,"在那时它已经产生了惊人的社会恶果:无家可归的人挤在大城市的贫民窟里;一切传统习惯的约束、宗法制从属关系、家庭都解体了;劳动时间、特别是女工和童工的劳动时间延长到可怕的程度;突然被抛到一个全新的环境中(从乡村到城市,从农业到工业,从稳定的生活条件转到天天都在变化的、毫无保障的生活条件)的劳动阶级大批地堕落了"①。"今天所说的住宅缺乏现象,是指本来就很恶劣的工人的居住条件因为人口突然涌进大城市而特别尖锐化,房租大幅度提高,每所房屋里的住户愈加拥挤,有些人简直无法找到住所"②,"在这种社会里,工人大批地拥塞在大城市里,而且拥塞的速度比在当时条件下给他们修造住房的速度更快,所以,在这种社会中,最污浊的猪圈也经常能找到租赁者"③。除了住房问题外,城乡对立发展还带来了劳动活动的扭曲发展,"第一次大分工,即城市和乡村的分离,它破坏了农村居民的精神发展的基础和城市居民的体力发展的基础",并"导致劳动活动本身的畸形发展"④。还有城市人口过度集中造成的环境严重污染、流行病蔓延问题,"现代自然科学已经证明,挤满了工人的所谓的'恶劣的街区',是周期性光顾我们城市的一切流行病的发源地……这些疾病在那里几乎从未绝迹,而在适当的条件下就发展成为普遍蔓延的流行病,于是越出它们的发源地传播到资本家先生们居住的空气较好的比较卫生的城区去"⑤。城乡对立还使社会分工得到巩固和加强,"文明时代巩固并加强了所有这些在它以前发生的各次分工,特别是通过加剧城市和乡村的对立而使之巩固和加强"⑥。关于精神生活的匮乏,恩格斯在《英国工人阶级》中指出"他们和城市隔离,从来不进城,因为他们把纱和布交给跑四方的包买商,从他们那里取得工资;他们和城市完全隔离,连紧靠着城市住了一辈子的老年人也从来没有进过城……当时英国产业工人的生活和思想与现在

---

　　① 马克思,恩格斯. 马克思恩格斯全集:第20卷 [M]. 中共中央马克思恩格斯列宁斯大林著作编译局,译. 北京:人民出版社,1956.

　　② 马克思,恩格斯. 马克思恩格斯选集:第2卷 [M]. 中共中央马克思恩格斯列宁斯大林著作编译局,译. 北京:人民出版社,1956.

　　③ 同②

　　④ 马克思,恩格斯. 马克思恩格斯选集:第3卷 [M]. 中共中央马克思恩格斯列宁斯大林著作编译局,译. 北京:人民出版社,1956.

　　⑤ 同②

　　⑥ 马克思,恩格斯. 马克思恩格斯选集:第4卷 [M]. 中共中央马克思恩格斯列宁斯大林著作编译局,译. 北京:人民出版社,1956.

的德国某些地方的工人是一样的，闭关自守，与世隔绝，没有精神活动"①。城乡差别造成城乡对立产生后，其他各种对立关系也出现了，"城乡之间的对立已经产生，后来，一些代表城市利益的国家同另一些代表乡村利益的国家之间的对立出现了。在城市内部存在着工业内部和海外贸易之间的对立。公民和奴隶之间的阶级关系已经充分发展"②。列宁认为城乡分离、城乡对立、城市剥削乡村是资本主义和商品生产的必然产物。他指出："城乡分离、城乡对立、城市剥削乡村，这些是发展着的资本主义都会有的旅伴，是所谓的商业财富比农业财富占优势的必然产物。因此，城市优于乡村（无论在经济、政治、精神以及其他一切方面）是有了商品生产和资本主义的一切国家（包括俄国在内）的一般的必然的现象，只有伤感的浪漫主义者才会为这种现象悲痛"③。

列宁和斯大林结合无产阶级革命和苏联社会主义建设实践分析了城乡关系由分离到融合的客观性，并提出了消除城乡分离的途径。列宁指出，城市与农村商品的不等价交换形成了城市对农村的剥削，而这种不平等形成了城乡的对立，破坏了工农业间必要的相互依存关系，消除城乡对立就要进行土地国有化运动，推动农业生产力的进步从而改变工农业的对立，同时还要重视农业公社、劳动组织以及一切能够把个体小农经济转变为公共的、协作的或者劳动组织的经济组织。

斯大林将城乡差别区分为本质差别和非本质差别，认为城乡差别的消失只是本质差别的消失，而非本质差别将保持下来，"关于脑力劳动和体力劳动之间的差别，也必须这样说。它们之间的本质差别，即文化技术水平的悬殊，无疑是会消失的。但是某种差别，虽然是非本质的差别，还会保存下来，这至少是因为企业领导人员的工作条件与工人的工作条件不一样。"④"工业和农业之间、体力劳动和脑力劳动之间的本质差别将会消灭，非本质差别将会保存下来。"⑤"工业和农业之间本质差别的消失，不能引导到它们之间任何差别的消

---

① 马克思，恩格斯. 马克思恩格斯选集：第2卷［M］. 中共中央马克思恩格斯列宁斯大林著作编译局，译. 北京：人民出版社，1956.

② 马克思，恩格斯. 马克思恩格斯选集：第12卷［M］. 中共中央马克思恩格斯列宁斯大林著作编译局，译. 北京：人民出版社，1956.

③ 列宁. 列宁全集：第二卷［M］. 中共中央马克思恩格斯列宁斯大林著作编译局，译. 北京：人民出版社，2017.

④ 斯大林. 斯大林选集：下卷［M］. 中共中央马克思恩格斯列宁斯大林著作编译局，译. 北京：人民出版社，1979.

⑤ 同④

灭，工业和农业之间的某些差别，就更加会保存下来。"① "由于工业和农业中的工作条件有差别，工业和农业之间的某种差别无疑是会存在的，虽然是非本质的。"② "城市（工业）和乡村（农业）之间、体力劳动和脑力劳动之间的差别消失的问题，却完全是另一种性质的问题。"③

斯大林认为，资本主义制度下的城乡工农对立是资本与农民利益的对立，是城市对乡村的剥离，是资本主义制度下工业、商业、信贷对农民的剥夺，实现生产条件上的平等、发挥大城市的作用、加强城乡商品的流通是消除城乡对立并实现城乡协调发展的途径。

1.1.2 西方的城乡关系思想

1.1.2.1 古希腊古罗马时期的城乡关系思想

古希腊是西方城市文明的发源地，古希腊古罗马时期是城市迅速发展的第一时期，这一时期的城市已经显现出现代城市的雏形。在城邦文明的孕育下，古希腊古罗马涌现了大批举世闻名的哲学家，他们的论述中出现了关于城乡关系的最早论述。

关于城市与乡村空间结构与社会关系的论述。埃米尔·库恩（Emil Kuhn）在《古代城市》中指出，城市和乡村构成了古希腊人的一种和谐一致，它们并不是生活中两个对立的方面，此时，乡村地区处于城市居民步行便能到达的范围之内④。

色诺芬（Xenophon，约公元前440—前355年）十分重视农业问题，认为农业是希腊自由民最重要的职业。"对于一个高尚的人来说，最好的学问就是人们从中取得生活必需品的农业。……所以这种谋生方法似乎应该受到我们国家的最大重视。"⑤

柏拉图（Plato，公元前427—前347年）的理想国（utopia）是城市的起源结构中的重要组成部分，正是由于城市最初采用了理想国的形式，城市才将

---

① 斯大林. 斯大林文集 [M]. 中共中央马克思恩格斯列宁斯大林著作编译局，译. 北京：人民出版社，1985.

② 斯大林. 斯大林选集：下卷 [M]. 中共中央马克思恩格斯列宁斯大林著作编译局，译. 北京：人民出版社，1979.

③ 同②

④ 芒福德. 城市发展史：起源、演变和前景 [M]. 宋俊岭、倪文彦，译. 北京：中国建筑工业出版社，2005.

⑤ 色诺芬. 经济论：雅典的收入 [M]. 张伯健，陆大年，译. 北京：商务印书馆，1961.

一系列的事物逐一化为现实①。柏拉图认为农业应该成为理想国的经济基础。他第一个提出了理想国的方案：按照严格的社会分工原则，社会由三个等级组成。第一个等级是执政者等级，包括富有理性和知识的哲学家等。第二个等级是武士。第三个等级是供应营养等级，即农民、手工业者和商人。色诺芬和柏拉图均赞成小商业，反对大商业②。

关于城市精神和市民意识的论述。古希腊哲学家的思考从神学和自然界扩展到人类社会，他们更多地思考公民的民主权利和公民的个人作用对于公民集体的意义。苏格拉底（Socrates，公元前469—前399年）表达了古希腊人的城市意识，"乡村的旷野和树木不能教会我任何东西，但是城市的居民做到了。"亚里士多德（Aristotle，公元前384—前322年）评述说，公民就像船甲板上的水手，他们的职责是确保"航行中船只保存完好"③。梭伦（Solon，公元前638—前559年）的观点更为激进，他认为，公民理应是"国家的主人"，并通过一系列改革奠定了古希腊民主政治的基础。色诺芬、柏拉图的城乡统筹思想对以后世界的发展有重大影响。恩格斯曾说"只有奴隶制才使农业和工业之间的更大规模的分工成为可能。"④

公元前2世纪到公元2世纪是古罗马的全盛时期。那时的罗马不仅是地中海地区的政治、军事强国，而且其经济文化也得到了高度的发展。罗马帝国时期的城市在规模和功能上都接近现代城市，其城乡关系也超出了宗教和权利意义，工商业的发展推动了建立在工农商业分工基础上的城乡依存关系。相对于古希腊学者，古罗马思想家普遍重视农业，但对于城乡关系、工商业与农业关系的态度则与古希腊学者不同。

重视农业地位，拥护奴隶主庄园制经济，反对工商业和城市发展。古罗马著名农学家加图（Cato，公元前234—前149年）、瓦罗（公元前116—前27年）、柯鲁麦拉（生卒年不详），他们的著作都标为《农业论》，主要论证如何管理奴隶制经济和论述农业耕作技术问题。他们重视农业，认为农业是最重要的职业，维护奴隶主庄园的自然经济性质，主张农庄应自给自足，从事的商业应少买多卖，甚至有人主张不买。

---

① 芒福德. 城市发展史：起源、演变和前景 [M]. 宋俊岭、倪文彦，译. 北京：中国建筑工业出版社，2005.

② 柏拉图. 柏拉图全集：第2卷 [M]. 王晓朝，译. 北京：人民出版社，2003.

③ 亚里士多德. 政治学 [M]. 吴寿彭，译. 北京：商务印书馆，1965.

④ 马克思，恩格斯. 马克思恩格斯选集：第3卷 [M]. 中共中央马克思恩格斯列宁斯大林著作编译局，译. 北京：人民出版社，1956.

重视农业，拥护自然经济的同时主张发展大商业，谴责奴隶制度。西塞罗（公元前 106—前 43 年）、普林尼（公元前 23—公元 9 年）及辛加（公元前 4—公元 65 年）等人从伦理道德上责难或怀疑奴隶制，他们都主张自然经济，又在不同程度上承认商品经济，如西塞罗，面对大奴隶主已普遍经营大商业或从事高利贷的事实，他颂扬大商业，认为小商业卑贱，奴隶主不宜从事。

古罗马时期是古典城市文明的鼎盛时期，但是当时的思想家们看到了农业对于一个疆域庞大的帝国的基础性作用，并一致主张发展农业。他们对于商业和城市的看法则出现了分歧，从根本上讲，分歧的出现是由不同思想家所处阶层的实际利益决定的。总体而言，古希腊和古罗马哲学家关于城乡关系的认识已经体现出城乡之间在空间布局、分工和功能上的差异，反映了最早的城乡互动与依存发展关系。

在罗马帝国的衰落时期，从古代向中世纪过渡的经济关系开始形成，由奴隶耕种的大庄园被分成小块由隶农耕种。这个时期，奴隶社会向封建社会过渡。

奥略里·奥古斯丁（A. Augustine，公元 354—430 年）是早期基督教神学家，他主张农业高于其他职业，对商业采取非难的态度。他把农业看作是"所有手艺中最纯洁的手艺。"[①]

进入中世纪后，西方城乡关系日趋稳定，随着农业生产的发展，作为手工业和商业中心的城市逐渐出现。它们大都位于交通便利、市场广阔的港湾、路口、城堡和寺院附近。在意大利和法国南部地区，城市发展最为迅速。中世纪的欧洲村镇规模较小，居民走不了多远就可以到旷野之中，此时的城乡矛盾并不突出。

13 世纪中叶，英国的城市已经增加到 160 多个，城乡之间的商品流通规模有了较大的增长。城市的管理权集中在大商人和高利贷商人手中，他们大力发展手工业、商业，大力促进城市经济发展。此时手工业和农业逐渐分离，城市开始兴起。城市的兴起将西欧社会从原始的农业状态中解脱出来，乡村逐渐变为城市。

西方思想家对城乡关系的论述主要集中在农业与商业的关系上。托马斯·阿奎拉（Thomas Aquinas，约公元 1224—1274 年）是西欧中世纪最著名的经院学者、神学家和封建主义思想家。他主张赚取利润的大商业是合理的，"虽然牟利本身并不包含任何诚实的或必要的目标，它却并不包含任何有害的或违反道

---

① 卢森贝. 政治经济学史 [M]. 瞿松年，等译. 上海：三联书店，1959.

德的事情。所以没有什么东西能够阻碍它转向某种诚实的或必要的目标。"①

1.1.2.2 空想社会主义的城乡关系思想

空想社会主义者根据其理想社会的原则提出了消灭城乡差别的理论，认为应该消灭城乡对立、脑力劳动与体力劳动对立，主张把城市和乡村结合起来、把工业和农业结合起来、把脑力劳动与体力劳动结合起来，从而实现经济社会的和谐发展。

早期空想社会主义思想家托马斯·莫尔（St. Thomas More，公元 1478—1535 年）已有了消除城乡对立的思想。他构想的乌托邦是一个城乡一体化的社会，农村没有固定的居民，而是由城市居民轮流种地。农村中到处都是间隔适宜的农场住宅，配有足够的农具。"每个农村住户的成员不少于四十人——男的、女的，以及附有的两个奴隶……每户每年有在乡村住满了两年的男女二十人回城中居住。他们在乡间的空额让从城市来的同样数目的新人填补。"②如果有人对农事有天生的爱好，他们可获得许可多住几年。农业人员主要从事耕种、喂牲口，或者给城市运送木材。他们养马、孵小鸡、种谷物，以供应城市和自己食用。城乡物资是交流的，农村无法得到的工业品就到城市去取。农作物的收割是突击性的，选好一个晴朗的天气，城乡居民一齐出动，在短期内全部完成。

19 世纪初，空想社会主义思想家提出了城市与乡村协调发展的构想，希望通过他们心中的理想社会组织来改变当时面临的诸多社会问题。

克劳德·亨利·圣西门（Claude Herri de Saint-Simmon，公元 1760—1825年）认为，农业、工业、商业活动是平等的，整个社会就是一座巨大的、复杂的工厂。"农业一个部门，比其它一切实业部门加在一起还具有大得无可比拟的重要性。"③"因此，社会的注意力，亦即公众的打算和指望，应当首先集中于农业。"④

夏尔·傅立叶（Charles Fourier，公元 1772—1827 年）构想的"法郎吉"理想社会，是对城乡一体化思想最早、最系统的论述。在这里没有工农差别和城乡对立，工业和农业将不再成为划分城市和农村的标志。在一个"法郎吉"中既有农业也有工业，以工业为基础，城市不是农村的主宰，乡村也并不是城市落后的郊区和附庸，二者是平等的。法郎吉是一种城乡结合、工农业生产结

---

① 阿奎那. 阿奎那政治著作选 [M]. 马清槐，译. 北京：商务印书馆，1963.

② 莫尔. 乌托邦 [M]. 戴镏龄，译. 北京：生活读书新知三联书店，1957.

③ 圣西门. 圣西门选集：第 1 卷 [M]. 董果良，赵鸣远，译. 北京：商务印书馆，1982.

④ 同③

合、脑力劳动与体力劳动结合、教育与生产劳动结合、生产与消费结合的新型协作组织。其目的就是要把农业劳动、工业劳动、商业劳动、家务劳动、教育劳动、科学劳动、艺术劳动统统组织起来，形成一个协调生产和经营的整体。"一切工厂，至少是大部分工厂，都将会离开城市而分散到各个官办农场。在那里，工人可以变换工种，轮流在园林、畜圈和工厂等地方工作，过着愉快舒适的生活。""按照和谐法郎吉的方式，农场在节日将会给人民以真正的盛会，美酒佳肴、舞蹈、游艺等。"傅立叶设想了一种能够反映社会和谐的"建筑单元"，他设计的城市由三个同心圆组成，最里面的圆是真正的城市范围，中间的圆包括了城市近郊和大型工厂，最外面的圆包括了林荫道和城市外围的郊区，圆环之外是巨大的雕塑和其他纪念性建筑。

罗伯特·欧文（Robert Owen，公元 1771—1858 年）构想的"新和谐村"（New Harmony）是理想社会的基础。在"新和谐村"中，每个人分到一个完整的地块，这个地块"将作为统一的农场加以经营，把它分成若干经营区，由一个总机关管理。这种制度具有大小农场具有的一切优点，而没有大小农场具有的众多缺点。"① 在劳动公社里，人们义务劳动，实行计划生产，公社社员为获得全面发展，既要从事农业劳动，也要从事工业劳动，还要进行科学研究。这样，公社就消除了城乡对立。生产的目的是为了满足全体社员的物质、文化生活的需要，而不是谋取个人利益，因此资本主义社会的无政府状态和经济危机不复存在。这样的新村能够兼具城市住宅和乡村住宅现有的一切优点，同时又毫无不便和弊端。

1.1.2.3 重农学派的城乡关系思想

魁奈强调农业对工业的基础性地位，指出农产品剩余是城市存在的基础。他提出了重农主义的基础性理论——"纯产品"理论，认为在自然次序下，交换是按照等价来进行的，因此流通领域也就不可能是财富的源泉。"纯产品"理论的提出使重农学派的研究中心从流通领域转移到了生产领域。在"纯产品"理论基础上，魁奈论证了农业是国民经济中唯一的生产部门，是工商业存在的基础②，其他部门都是建立在农业之上的，并且农业的发展程度决定了经济的发展水平，那么在城乡关系上，也应该是农村优先于城市发展。魁奈反对城市化和要素向城市的聚集。

布阿吉尔贝尔在肯定农业重要地位的同时，也分析了产业部门间的内在联系

---

① 欧文. 欧文选集：第 1 卷 [M]. 柯象峰，译. 北京：商务印书馆，1979.
② 赵迺抟. 欧美经济学史 [M]. 上海：东方出版社，2007.

和各产业保持一定比例的思想，认为社会财富是农业中生产出来的农产品及其衍生品，财富来源于农业生产，他还对社会生产各部门内在联系进行了揭示。除了论述农业的重要性之外，布阿吉尔贝尔还提出了各产业部门之间保持"经济协调"的思想。

1.1.2.4 古典政治经济学的城乡关系思想

古典政治经济学反映了资本主义上升时期的社会经济规律，其关于城乡关系的论述以资本原始积累和工业化过程中的产业结构变化为对象。

亚当·斯密提出工业发展速度和劳动生产率高于农业增长速度和劳动生产率的基本规律，指出"农业上劳动生产力的增进，总跟不上制造业上劳动生产力增进的主要原因，也许就是农业不能采取完全的分工制度。"[①] 这可以看作是工农二元经济思想的最初萌芽。亚当·斯密认为，城乡发展具有自然顺序和功能分工，城镇数量的增加应该与农村和农业发展成比例，"文明社会的重要商业，就是城市居民与农村居民通商。……农村以生活资料及制造材料供给都市，都市则以一部分制造品供给农村居民。……他们有相互的利害关系。"[②] 关于城乡分割形成的原因，亚当·斯密提出"以生产生活必需品以外的东西为目的的产业，在都市建立的时期，比在农村早得多。……城市居民的食品、材料和产业手段，归根到底，都出自农村。"[③]

大卫·李嘉图最早论述了工业化过程中的城乡差距问题，他认为城乡差距形成的原因在于农业收益递减和城市工业收益递增。李嘉图认为，城市工业代表着经济及社会发展的方向。李嘉图得出结论：收益递减的农业是没有前途的，以农业为主要产业的农村必将衰落；而收益递增的工业是社会发展的方向，以工业为主要产业的城市将获得繁荣。同时城市部门因效率较高并且收益递增，可以支付给城市劳动者更高的工资，而工业发展要吸纳农村剩余劳动力也必须支付其比在农村就业更高的工资，故而城市劳动者的收入会比农村劳动者更高。因此，城乡发展水平及城乡居民收入的差距将是必然的，城市在政治、文化上对农村的统治也是必然的[④]。

1.1.2.5 新古典经济学的城乡关系思想

新古典学者信奉市场力量，主张通过价格机制解决现实的资源配置问题，

---

① 斯密. 国民财富的性质和原因的研究 [M]. 郭大力, 王亚南, 译. 北京: 商务印书馆, 1972.

② 同①

③ 同①

④ 李嘉图. 政治经济学及赋税原理 [M]. 郭大力, 王亚南, 译. 北京: 商务印书馆, 2009.

在城乡关系问题上，他们更重视城乡间要素流动的效率问题，特别关注城乡土地租金的相对变化。在对待城市化和城乡分化问题上，新古典学者的态度是支持工业集中和城市扩张，因为这是经济发展的自然趋势，城乡分化是要素向更高报酬领域流动的结果，是资源配置效率的体现。

马歇尔运用"外部规模经济"解释空间集中和厂商相互接近的优势，"当一种工业已这样选择了自己的区位时，它会是长久设在那里的。因此，从事同样的技能需要的行业的人，相互从临近的地方得到的利益是很大的……雇主们往往到有专门技能的优良工人的地方去；同时，寻找职业的人，自然会到雇主需要他们的地方去"[1]。

刘易斯·芒福德在1961年出版的《城市发展史：起源、演变和前景》一书中提出了他的城乡一体化思想[2]。芒福德认为，城乡不能截然分开，应当有机结合在一起。他主张通过建立多个新城市中心，形成一个更大的区域统一体，重建城乡之间的平衡。"过去旧的人与自然，城里人与乡下人，希腊人与野蛮人，市民与外国人之间那种隔离与区别，不能再持续下去了，因为，现代通信手段，使现在整个地球正在变得像一个村庄一样近。"[3]

1.1.2.6 现代发展经济学的城乡二元结构思想

城乡二元结构思想源自学者们对于发展中国家在工业化过程中出现的城乡差异和工农不均衡问题的研究，其实质是"唯资本论"和"城市偏向"。城乡二元结构思想支持发展中国家迅速实现资本积累和工业化，在工业化过程中，必然要有农业的暂时牺牲，通过农业剩余（劳动力和资本）支持工业化和城市发展。

缪尔达尔在《经济理论和不发达地区》中提出了地理上的二元结构理论，指出市场的作用一般倾向于增加而非减少城乡区域间的不平衡。为了防止地区发展中出现两极分化，不能仅仅依靠市场机制的自发作用，必须由政府指定政策，刺激和帮助落后地区加快发展[4]。他的理论为政府开发落后地区提供了政策依据。美国城市规划学家弗里德曼提出了"中心-边缘理论"，指出在整个空间经济结构中，城市是核心地区，处于支配地位，聚集了资本、知识、信息等各种要素。当工业化发展到成熟阶段时，上述过程就会出现逆转，实现城乡经济一体化。

---

① 马歇尔. 经济学原理：下卷 [M]. 朱志泰，陈良璧，译. 北京：商务印书馆，2019.

② 陈伯君. "逆城市化"：一个美丽的转身 [J]. 理论参考，2010 (2)：49.

③ 芒福德. 城市发展史：起源、演变和前景 [M]. 宋俊岭，倪文彦，译. 北京：中国建筑工业出版社，2005.

④ 郭熙保. 发展经济学经典论著选 [M]. 北京：经济科学出版社，1998.

朗索瓦·佩鲁提出了"发展极"理论，认为一个国家的经济增长是在不同的部门、行业或地区按不同速度增长。一些主导部门和具有创新能力的行业集中于一些地区，以较快的速度优先得到发展，形成"发展极"，再通过其吸引力和扩散力不断增大自身规模并对所在部门和地区产生支配作用，从而不仅使所在部门和地区迅速发展，也可以带动其他部门和地区的发展。发展中国家在资金有限的情况下，可以集中力量，努力培育一部分"发展极"，形成"吸引中心"和"扩散中心"，以此来推动经济的整体发展。

阿瑟·刘易斯认为，经济发展过程就是劳动力不断从传统的农业部门向现代工业部门转移的过程，这个过程同时也是现代工业部门的扩张过程。在《劳动力无限供给条件下的经济发展》一书中，刘易斯建立了第一个城乡人口流动模型，解释了发展中国家二元经济结构向一元经济结构转型的路径。拉尼斯和费景汉更加深入地研究了农业部门与工业部门之间的联系，指出农业不仅为工业部门提供劳动力资源，还为工业部门提供农业剩余。乔根森进一步发展了拉尼斯-费景汉模型，建立了乔根森模型，该模型表明一国经济虽然由现代工业部门和传统农业部门构成，但农业部门的发展是工业乃至整个国民经济发展的基础。农业剩余是工业部门产生、增长的前提条件和规模限度。农业剩余出现之前，劳动力都从事农业生产，此时任何从农业中出去的劳动力都有正的边际产出，在转移过程中，农业部门的总产出会受到影响，工业发展会以牺牲农业产出为代价。

1.2 国内学界关于城乡关系的研究

1.2.1 关于城乡二元结构问题的研究

改革开放以后，我国城市与农村的关系由行政计划控制逐渐转向由市场机制调节，同时城市经济和农村经济都得到了极大发展，形成了城乡共同发展过程中的城乡互动关系。城乡关系的总体趋势是由城乡经济共同发展下的城乡互动向农村支持下的城市加快转变。1978 年至 20 世纪 90 年代初，农村经济迅速发展，农业剩余增加，支持了城市的改革和发展，而城市工商业的发展也为农村提供了产品市场和农业投资，国民经济各部门之间的比例逐渐优化，城乡之间也形成了生产与消费、工业与农业之间的互动关系。到了 90 年代中后期，为了迅速实现工业化，国家政策逐渐向工业转移，出现重工轻农倾向，通过农产品剪刀差、税收倾斜等方式加大农村剩余劳动力向城市的转移，城乡二元结构问题愈加突出。党的十八大提出要形成以工促农、以城带乡、工农互惠、城乡一体的新型工农城乡关系，并采取了一系列促进乡村加快发展的政策举措，城乡二元结构得以改善，乡村进入全面振兴的新发展阶段，城乡关系也逐步呈现出融合发展态势。

学者们对我国城乡二元结构问题进行了深入的研究，考察了城乡二元结构的形成原因，并分析了在二元结构不断扩大背景下实现经济快速增长的现实困境，进而提出了破解思路。部分学者对我国城乡二元结构的形成、变化与发展趋势进行动态考察（李迎生，1993；李东山，1995），部分学者分析了我国城乡二元结构形成的体制机制原因（陈婴婴和沈崇麟，1995；李东山，1995）。部分学者在城乡二元结构理论的基础上，结合我国实际提出了三元结构理论，即传统农业、农村工业和城市现代工业的三元结构格局（陈吉元和胡必亮，1994；张朝尊、曹新，1995；孙自铎，1995；赵勇，1996）。

1.2.2　关于城乡融合发展的研究

随着国民经济发展进入工业化新阶段，城乡二元结构造成的"三农"问题、要素配置效率问题不断显现，成为国民经济健康发展的阻滞因素。在此背景下，打破城乡二元结构成为国家发展战略的重要内容。中央在深刻把握我国生产力发展阶段和现实国情的基础上，渐次有序地提出了城乡统筹、城乡一体化和城乡融合发展的战略。党的十六大提出"统筹城乡发展思想"，"统筹城乡经济社会发展，建设现代农业，发展农村经济，增加农民收入，是全面建设小康社会的重大任务"；党的十六届三中全会将"城乡统筹"作为五个统筹之首；党的十七大提出城乡经济社会发展一体化新格局，"加强农业基础地位，走中国特色农业现代化道路，建立以工促农、以城带乡长效机制，形成城乡经济社会发展一体化新格局"；党的十九大提出城乡融合发展目标，"建立健全城乡融合发展体制机制和加快推进农业农村现代化"；2019 年 4 月，中共中央、国务院印发《中共中央 国务院关于建立健全城乡融合发展体制机制和政策体系的意见》，提出了我国城乡融合发展的阶段性目标要求："到 2022 年，城乡融合发展体制机制初步建立。到 2035 年，城乡融合发展体制机制更加完善。到本世纪中叶，城乡融合发展体制机制成熟定型。城乡全面融合，乡村全面振兴，全体人民共同富裕基本实现。"

1.2.2.1　城乡融合发展的内涵

关于城乡融合发展的理论内涵，学术界并未形成统一、规范的定义。刘守英（2022）对城乡融合的特征做出了全面解读，提出城乡融合"是城乡转型的一个阶段，其基本特征为：人口在城乡双向流动的人口融合，土地利用混合性和多样性的空间融合，乡村经济非农化以及城乡产业结构趋同化的经济融合，城乡居民认知和观念差异缩小的价值融合。"① 魏后凯（2020）强调不能把城乡融合作为对"统筹城乡发展"和"城乡发展一体化"的替代，"从某种程度上讲，城乡统筹是重要手段，城乡一体化是最终目标，而城乡融合是一种状态和过程。"②

部分学者从经济空间融合角度提出城乡融合是"城乡自然要素、经济要素、空间要素和人员要素的优化组合，是城乡两种空间、业态、生态系统的相互渗透、密切联系、功能互补、利益共享的生命共同体。"③ 还有学者从要素交换角度将城乡关系界定为"通过推动城乡之间各种生产要素的自由流动与平等交换，实现要素回报趋同，进而形成工农互促、城乡互补、全面融合和共同繁荣的新型城乡关系。"④

1.2.2.2 城乡融合发展的评价与测度

为了客观把握我国城乡融合发展的成效和进程，许多学者对城乡融合发展水平进行了测度和评定⑤。绝大多数学者采用了综合指标体系对城乡融合进行多维度评价和测度，但指标选择的侧重和具体计算方法存在差异，形成了"投入-产出"视角、"效率-公平"视角、文化和生态视角等测度方法⑥。如杨荣南、顾益康等较早提出了城乡融合综合评价指标体系⑦；张克听和莫豫佳（2021）利用 2018 年的数据构建了经济发展、生活差异、人居环境、要素流动四个层面的 18 个具体指标，对我国经济发展水平排名前十的地区的城乡融合发展水平进行了评价⑧；赵华和丁凡（2018）从创新、协调、绿色、开放、共享 5 个维度选取了 13 个二级指标和 26 个三级指标，构建了全国城乡融合发展

---

① 刘守英，龙婷玉. 城乡融合理论：阶段、特征与启示［J］. 经济学动态，2022（3）：21-32.

② 魏后凯. 深刻把握城乡融合发展的本质内涵［J］. 中国农村经济，2020（6）：5-8.

③ 易赛键. 城乡融合发展之路：重塑城乡关系［M］. 北京：红旗出版社，2019.

④ 陈坤秋，龙花楼. 中国土地试产对城乡融合发展的影响［J］. 自然资源学报，2019（2）：276.

⑤ 一部分学者坚持认为，城乡融合与城乡一体化都是城乡发展差距的缩小，二者在理论内涵和实践表现中具有较强的同质性。因此，两种提法是经济发展不同阶段的不同政策表达。所以，对城乡融合发展水平或程度的评价也在较大程度上参考了城乡一体化发展的评价指标体系。

⑥ 周德，戚佳玲，钟文钰. 城乡融合评价研究综述：内涵辨识、理论认知与体系重构［J］. 自然资源学报，2021，36（10）：2634-2651.

⑦ 杨荣南，顾益康. 城乡一体化及其评价指标体系初探［J］. 城市研究，1997（2）：19-23.

⑧ 张克听，莫豫佳. 经济发达地区城乡融合发展水平［J］. 当代经济，2021（1）：30-34.

评价体系①。很多学者通过构建指标体系对某一区域的城乡融合水平进行评价，目前已经形成对山东省（窦胜旺等，2019）、甘肃省（韩建民，2020）、合肥市（项松林和刘牧晨，2020）等地城乡融合发展的测度②。

1.2.2.3　城乡融合发展的思路

城乡融合发展是新阶段城乡关系的应然形态，是实现社会主义现代化强国目标的必然路径。学者们也从多个层面提出了实现城乡融合发展的思路和路径。部分学者从宏观视角提出了较为综合的对策，如魏后凯（2020）提出，实现城乡融合发展目标就是要实现城乡居民权利平等化、城乡要素流动自由化、城乡公共资源配置均衡化、城乡公共服务供给均等化、城乡居民生活质量等值化五个方面③。也有学者根据研究视角和关注领域的不同提出了相应的路径对策，从城乡要素流动视角提出推进城乡融合发展的关键在于构建城乡要素自由流动的体制机制，如刘守英和龙婷玉（2022）提出要赋予乡村和城市同等的发展权，继续深化户籍、土地等领域的改革④。部分学者关注某一领域对城乡关系的影响，包括以构建平等的城乡要素交换关系推进城乡融合发展的研究（张克俊等，2019；张强等，2020）、从生态文明视角出发提出的绿色城乡融合路径（翟坤周和侯守杰，2020）、以强化政府乡村职能推进城乡融合发展（秦清芝等，2020）⑤、从城乡产业融合发展角度推进城乡融合高质量发展（石淑华和王曦，2021）⑥等。

---

①　赵华，丁凡. 新时代城乡融合发展水平的测度研究 [J]. 南大上学评论，2020，48（6）：26-41.

②　李晓莹，李强. 关于城乡融合发展的近期研究文献综述 [J]. 商业经济，2021（11）：19-22.

③　魏后凯. 深刻把握城乡融合发展的本质内涵 [J]. 中国农村经济，2020（6）：5-8.

④　刘守英，龙婷玉. 城乡融合理论：阶段、特征与启示 [J]. 经济学动态，2022（3）：21-32.

⑤　秦清芝，杨雪英，张元. 政府公共权力视域中的城乡融合发展路径研究 [J]. 江苏师范大学学报（哲学社会科学版），2020（5）：102-112.

⑥　石淑华，王曦. "十四五"时期推进新型城镇化高质量发展的思路与对策 [J]. 江苏师范大学学报（哲学社会科学版），2021（5）：98-109.

2 我国城乡关系的变迁历程与阶段性特征

新中国成立以来，我国乡村发展历程与国家发展战略高度一致，先后经历了工业化初期的国家行政命令式的城乡分割阶段、经济体制转型中的城乡市场化阶段、城乡统筹发展阶段和乡村振兴战略下的城乡融合阶段。

2.1 1949—1977年：国家行政命令式的城乡分割阶段

中华人民共和国成立以来，为改变近代以来贫困落后的状态，快速恢复和发展国民经济，中央确立了优先发展重工业的发展思路。为了保证城市和工业的快速发展，农业必须承担起低价提供基本生活消费品以使工业迅速完成资本积累的使命。

从城乡关系角度来看，为加强对国民经济的控制，国家制定了严格的城乡分割式管理制度，严格禁止城乡间人口、资金和土地要素的自由流动，国家按照计划任务从农村收购粮食、选派劳动力等。总体而言，这一阶段城乡关系高度契合工业化发展初期农村农业支持城市工业的发展战略。

从乡村发展角度来看，为保证农产品低价供给和农村消耗最小化，国家在乡村实行了农业生产合作社和人民公社，一方面保证了国家能够按计划数量和价格收购农产品，另一方面也以政社合一的方式将供给基本公共品的责任划定在农村内部，有效节约了国家财政支出。虽然部分地区启动了乡村水利设施、道路、诊所、中小学等基础设施与公共服务建设，但对于大多数乡村而言，农业生产剩余经由国家统购统销转移给城市工业；在既无自我积累机会又无外部资金投入的条件下，农村基本没有余力进行乡村建设。

在工业优先发展和高度计划经济条件下，乡村不得不以最低成本提供粮食等农产品，并最大限度地减少消耗，因此，这一时期乡村的基本功能就是进行农业生产，实现"以粮为纲"的发展目标，并为城市工业提供资本积累。据统计，1951—1978年，农民以税收形式给国家提供了978亿元资金、以工农业产品剪刀差形式给国家提供了5 100亿元资金，而同期国家对农业投入资金仅为1 763亿元①。

2.2 1978—2001年：经济体制转型中的城乡市场化阶段

以1978年改革开放为起点，我国乡村发展进入了以家庭联产承包责任制和农产品市场化改革为主要方向的发展阶段。这一阶段，发轫于乡村基层的"包产到户"改革迅速普及，并最终上升为国家政策在全国推广实施。同时，国家启动农产品流通体制改革，至1993年年底，实施了30年的农产品统购统销制度基本废止，全面市场化的流通体制初步建立。

从城乡关系角度来看，这一阶段，城乡隔离的管理制度被逐步消除，城乡之间的劳动力流动进入爆发式增长阶段。随着城市改革的启动和对外开放程度的加深，东部沿海地区建立了大批个体、私营及三资企业，这些企业对劳动力具有大量需求，导致城市劳动力市场出现供求缺口。在此背景下，国家开始放松对农业生产要素流动的限制，逐步允许农村劳动力向城市转移。

从乡村发展角度来看，家庭联产承包责任制的确立释放了农业生产积极性，极大地提高了农业劳动生产率和农产品产量，加之农产品流动市场的不断完善，农业总产值和农民收入水平得到提升。政策支持上，国家开始以转移支付形式增加对农业农村发展的支持，但是受制于国家财力，仅能够解决部分农村公共品需求，大部分乡村基础设施和基本公共服务仍依靠集体积累自我解决。1978—2001年农业总产值和农民收入变化情况见表2-1。1978—2001年农业总产值及增长率变化见图2-1。

表2-1 1978—2001年农业总产值和农民收入变化情况

	1985年	1990年	1995年	2000年
农业占GDP比重/%	29.8	28.4	20.8	16.4
农村居民家庭总收入/元	547.3	990	2 337.9	3 146.2
农村居民家庭纯收入/元	397.6	686.3	1 577.7	2 253.4

资料来源：《中国统计年鉴》。

---

① 吴敬琏. 当代中国经济改革教程 [M]. 上海：远东出版社，2010.

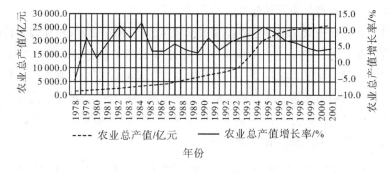

图 2-1　1978—2001 年农业总产值及增长率变化

资料来源：《中国统计年鉴》。

　　总体而言，在国家经济体制转型大背景下，乡村在基本经营制度、经济功能等方面发生了重大变化，以家庭联产承包为基础、以农产品市场为导向的农业经营方式逐步确立，乡村自我积累能力提升，乡镇企业迅速发展，城乡间要素流动增加，但是，农业税赋仍较重，城市工业优先发展、农业支持工业的总体格局并未发生根本性变化，特别是城市改革推进以后，各地工商业快速发展，城市居民收入增长速度显著高于农村居民，城乡收入差距持续扩大，城乡二元结构问题更加突出，乡村发展要素大规模流向城市，农业生产大幅度波动，"三农"问题已经威胁到国家粮食安全和经济持续发展。

2.3　2002—2016 年：城乡统筹发展阶段

　　经济快速发展过程中，城乡矛盾不断加深，逐渐成为制约经济持续健康发展的重要因素。为破解"三农"问题，2002 年召开的党的十六大正式提出"统筹城乡经济社会发展，建设现代农业，发展农村经济，增加农民收入，是全面建设小康社会的重大任务"，以此为标志，我国城乡关系进入统筹发展的新阶段，乡村发展也开启了新农村建设的全新时期。

　　从城乡关系角度来看，这一阶段，国家发展战略方向逐渐由"农业支持工业"向"工业反哺农业""城市带动农村"转变，工农城乡和谐发展成为这一阶段国家发展战略的重要主题。随着发展战略的调整，中央到地方各级财政开始加大对农业农村领域的投入，乡村基础设施和公共服务水平得到全面提升。同时，以成都市、重庆市等为试点的城乡统筹改革启动，城乡间要素流动的制度性阻碍被逐渐消除，土地承包经营权流转、城市资本下乡等越来越普遍，城乡要素市场体系开始建立。

从乡村发展成效来看，随着国家城镇化进程的加快和新农村建设项目的推进，农业生产保持稳定，有效保证了国家主要农产品供给。2002—2016年我国农业总产值及增长率见图2-2。大多数乡村在基础设施、产业发展、村容村貌、社会治理等方面取得了全面发展。农村居民持续增收，城乡居民收入比由2002年的3.11下降至2016年的2.71。2002—2016年我国城乡居民收入变化趋势及城乡居民收入比变化见图2-3。

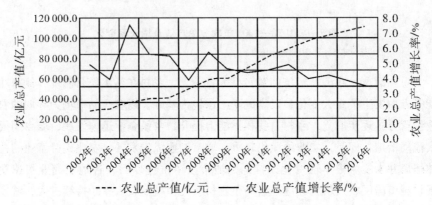

图2-2　2002—2016年我国农业总产值及增长率

资料来源：《中国统计年鉴》。

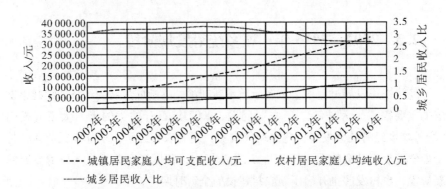

图2-3　2002—2016年我国城乡居民收入变化趋势及城乡居民收入比变化

资料来源：《中国统计年鉴》。

总体而言，这一阶段我国城乡关系得到了极大改善，国家战略也更加重视农业农村发展问题，乡村经济稳定发展。但是，农村土地等财产的产权制度改革仍在探索之中，除少数试点地区外，大部分乡村仍未建立起现代产权制度，集体土地等财产价值仍被抑制，城乡统一的要素市场建设面临较多阻碍。相对于快速发展的城市，农村老龄化日趋严重，农村劳动力、人才不断流失，乡村文化日渐衰落，环境问题逐渐显现。

2.4 2017 年至今：乡村振兴战略下的城乡融合阶段

2017 年 10 月，党的十九大正式提出乡村振兴战略，强调"农业农村农民问题是关系国计民生的根本性问题，必须始终把解决好'三农'问题作为全党工作重中之重"，并提出了"产业兴旺、生态宜居、乡风文明、治理有效、生活富裕"的总要求。

乡村振兴战略的提出标志着我国乡村进入了全新的发展阶段。通过实施乡村振兴战略，我国将从根本上抑制乡村衰落，实现乡村全面整体发展。与前期城乡统筹等战略不同，乡村振兴战略改变了乡村从属于城市、乡村发展要依赖新型城镇化进程的观念，更加注重通过全面深化农业农村领域改革培育乡村发展内生动力，形成乡村自我持续发展的长效机制。就城乡关系而言，要素在城乡各经济部门之间自由流动，能够使要素流向边际报酬最高的领域，提高社会资源配置效率；对乡村发展而言，促进要素自由流动能够通过经济利益有效激活各类长期未能进入市场经济体系的乡村资源，改变农村要素禀赋、提升乡村资源价值，使乡村发展具备更强内生动力，为乡村振兴战略提供更加丰富的要素支撑和保障。

3 城乡要素流动与城乡关系演进

改革开放以来，随着经济体制转型和经济市场化程度的逐步提高，我国工业化和城市化进程加快推进，城乡发展差异逐渐显现。在城市强大的虹吸效应下，农村的资金、土地、人才等生产要素持续流出，城乡发展经历"刘易斯拐点"后，农村发展能力和内生动力不足的问题开始显现。党中央高度重视乡村发展问题，党的十九大报告强调农业农村农民问题是关系国计民生的根本性问题，必须始终把解决好"三农"问题作为全党工作的重中之重，提出坚持农业农村优先发展，实施乡村振兴战略。而要实现乡村振兴目标，关键在于吸引城市资本、人才进入乡村，并实现城乡要素的有效融合，盘活乡村资源价值，激发乡村自有要素活力，为乡村的全面振兴提供要素基础和发展动能。因此，促进要素流动，激活乡村资源是乡村振兴的关键环节和必然过程。在此背景下，聚焦于城乡要素和乡村资源的有效配置，探索通过促进要素流动、激活乡村资源来推动乡村振兴战略的实施具有重大的理论价值和现实意义。

3.1 城乡要素流动与城乡发展的理论分析

长期以来，城乡要素流动与乡村发展的关系一直是理论界的重要研究对象，学者们一致认为，城乡要素自由流动对于实现乡村发展具有重要作用。新中国成立后的相当长一段时期，我国所实行的工业优先发展战略通过制度性因素阻碍了要素在城乡间的流动，形成了要素单项流向城市、带动城市工业加快发展而乡村凋敝的现象。进入工业化中期阶段以后，必须调整发展战略，全面消除各类体制机制阻碍，实现要素在城乡间的自由流动和平等交换，进而促进乡村经济发展，加快乡村振兴。

改革开放以来，随着经济体制转型和经济市场化程度的逐步提高，城市由于具有集聚优势和强大的吸纳能力，造成农村的资金、土地、人才等生产要素源源不断地单向流向城市，农村空心化、人口老龄化趋势明显，导致农村面临内生发展动力不足的严重困境，无形之中进一步扩大了城乡差距。同时，随着我国粮食等农产品价格逐步市场化之后，产品交换已不是农业、农村和农民利益流失的主要环节，而城乡要素交换不平等成为"三农"利益流失的主要原因。

在城乡生产要素的交换过程中，无论是所有者权益还是交易价格，城市要素往往"凌驾"于农村要素之上。在土地要素方面，我国城乡土地在要素权利、交易范围等方面存在较大差异，农民难以分享土地增值收益，大量收益经由土地间的不平等交换流向城市。在资本要素方面，由于农村现代金融体系发育滞后，资金进入农村的渠道有限，资金离农问题逐渐加剧，导致农村和农业发展长期受到资金不足的约束。在劳动力要素方面，虽然城乡劳动力市场逐渐统一，农民工工资逐年增加，但城乡劳动力在社会福利方面的差异仍然较大。这些都是城乡要素交换不平等的表现，也成为新时期制约城乡协同发展的主要障碍。

城乡要素交换不平等，导致城乡要素配置效率低下，要素收益分配不公平，强化了城市对农村资源的"虹吸效应"，进一步拉大了城乡差距，固化了城乡二元结构。可以说，在造成城乡差距的诸多因素中，城乡要素交换的不平等是其中最为基础、最为重要的原因。构建城乡发展一体化的体制机制，首先要解决城乡要素交换不平等的问题。

3.2 城乡要素流动推动城乡关系变迁的内在机理

在工业化快速推进阶段，乡村向全国输送了大量劳动力，也为城市扩张提供了大量土地资源，而流向乡村的城市要素却极为有限，导致乡村凋敝、发展动力不足的问题显现。现阶段，我们要落实习近平总书记对"三农"工作的重要指示，实现乡村振兴战略目标，必须从根本上改变城乡要素单向流动态势，发挥城乡要素流动对于乡村振兴的积极促进作用。

3.2.1 城乡要素流动是推动城乡产业融合发展的重要基础

产业融合是城乡融合的重要内容，而城乡要素自由流动则是城乡产业融合发展的基础。目前，城乡产业融合发展的关键阻碍在于乡村产业发展相对滞后，缺人才、缺资金、缺发展用地是乡村产业发展面临的普遍性制约因素，亟待通过城乡要素流动机制的完善予以破解。首先，从劳动力要素来看，乡村产业转型升级需要具有专业知识和丰富经验的经营管理者和技术人才，城市则存在大量能够专职或兼职进入农村工作的相关人才，如果能够以适宜的激励机制鼓励城市人才返乡下乡创业就业，将在很大程度上缓解乡村产业发展的人才不足问题；其次，从资本要素来看，产业发展是市场运行的自然结果，乡村产业振兴的主体应该是农户、新型经营主体和企业等市场主体，产业发展所需的资本也应该是以获取利润为目的的社会资本，促进城乡资本自由流动能够让社会资本发现乡村经济机会，实现乡村发展与资本逐利的双赢目标；最后，从土地要素来看，虽然乡村拥有比城市更加丰富的土地资源，但是除少数试点地区外，大部分乡村无法实现土地资源与产业发展的有效结合，城乡一体的土地市场建设能够促进土地要素在城乡之间的高效配置，解决乡村产业发展过程中面临的集体土地闲置与发展用地不足的矛盾。

3.2.2 城乡要素流动是乡村人居环境提升的重要牵引

乡村人居环境提升是城乡融合发展的重要内容。在基础设施建设方面，由于缺乏外部要素注入，许多乡村的基础设施建设水平低、后续管理乏力。在生态环境保护和利用方面，由于缺少资金和人才，乡村生态环境出现了极端问题：部分偏远山区自然资源不仅未能成为乡村发展的重要资源，反而因缺少保护性开发利用导致生态退化；部分区位条件较好的乡村则无序承接了城市污染性产业，造成生态环境的破坏。通过城乡要素自由流动，有效利用政府和市场两种方式引导城市要素进入乡村基础设施建设领域和乡村生态保护领域，能够为乡村人居条件和生态环境改善提供要素支持，形成政府引导、微观主体参与的乡村公共品建设管理机制。

3.2.3 城乡要素流动是实现城乡治理现代化的重要动力

城乡治理现代化是城乡融合发展的重要环节，而治理有效的必要条件是居民能够认知并践行优秀文化，同时具备治理的基本能力。从实际情况来看，随着乡村人才的单向流出，多数乡村治理人才严重缺失。一方面，乡村缺少"能人""强人"，如许多乡村选举的村干部政治素质不高、知识储备不足，难以发挥带动作用，村民对村干部权力的监督制约能力弱化，导致乡村权力向少数人集中；另一方面，由于缺少"乡贤"的引领，以及长期存在的乡村文化产品供给不足等问题，加之外部文化的冲击，许多乡村传统村规民约被逐渐遗忘，新的价值体系未能形成。人才、资金等要素向乡村流动能够为乡风建设和乡村治理体系完善提供必要的基础和动力,如通过农村文化礼堂等载体建设文明乡风,吸引人才回乡树立"新乡贤",带动村民提升乡村文化自信,让乡贤文化引领乡村振兴,在广泛吸引、培育村干部后备人选的同时,通过人才的引入带动村民观念的改变和治理能力的提升,为建立现代乡村治理结构提供必要的主体基础。

3.2.4 城乡要素流动是实现农民农村共同富裕的必要条件

农民农村共同富裕是城乡融合发展的重要目标。财产性收入来源于财产所带来的收入流,从本质上讲是财富的衍生物,因此,获得财产性收入的前提是能够占有财产,而对绝大多数人而言,累积财产的主要途径是收入增长。土地是农民拥有的最重要资产,农民财产性收入的大幅提高,很大程度上取决于土地要素的激活水平高。但是,由于城乡二元土地要素市场的存在,农民拥有的土地资产价值被严重抑制。促进城乡要素自由流动能够激活乡村资源,通过市场交易能够实现土地等要素的有效配置,提升要素价值,这是增加农村家庭财产和提高财产性收入的重要路径。

3.3 乡村振兴战略下的城乡要素自由流动

乡村振兴战略是党中央为全面建成小康社会、全面建设社会主义现代化国家而做出的重大战略部署,必将对我国城乡关系和农业农村发展产生深远影响。乡村振兴战略要实现农村产业、人才、文化、生态和组织的全面振兴,这也意味着我国的农村发展已经不能仅仅依靠工业反哺和城市支持,而是需要通过要素在城乡间的重新配置激发乡村内生发展动能,从而形成乡村振兴的强大动力。而城乡要素平等交换则是实现资源在城乡间高效配置的关键路径,因此,必须突破工业化思维中关于城乡要素交换关系的固有认识,改变以推动要素从农业部门向非农部门流动为核心的传统要素交换体制。在乡村振兴战略背景下,一方面,要求消除农村要素流动面临的各类制度阻碍,并获得能够体现要素真实价值的合理收益;另一方面,要求更多城市要素进入农业农村领域,与乡村要素有机结合,并在乡村开发中得到合理回报。因此,实现乡村振兴要求更加重视城市要素向农村流动中的平等性问题,城乡要素交换与城乡关系的联动性问题,城乡要素交换中的经济、社会多重性问题。

3.3.1 乡村振兴对城乡要素交换关系提出新要求

3.3.1.1 乡村振兴要求重视城市要素向农村流动中的平等性问题

城乡要素交换的双向性，是指城乡要素交换包含了要素由城到乡、由乡到城的双向过程，农村要素流向城市要实现平等交换，城市要素流向农村也要实现平等交换，这样的交换才是完整和公平的。长期以来，在描述城乡要素不平等交换时，我们主要关注的是农村要素流向城市过程中如何处于不平等交换地位，大量研究都集中于农村土地要素被低价征用、城乡劳动力没有实现同工同酬等问题上，而城市要素流向农村是否存在不平等交换问题很少被关注。在工业化前期，经济发展的主要任务是吸纳农村要素推进工业化、城镇化进程，强调的是城市对农村的开放而忽视了农村对城市的开放。由于在思想上存在对农村向城市开放可能带来农民利益受损和农村不稳定性的顾虑，从而在制度设计上对城市要素向农村流动作出种种限制，导致城市要素流向农村的情况很少，对城市要素流向农村的交换平等性问题的关注也相对较少。但是在实践中，城市要素在农村也往往处于不对等的弱势地位，如城市资本流向农村、租用农民土地创办经济实体时，也往往面临农民违约等问题。

在乡村振兴目标导向下，随着城市要素流入农村的日益增多，关注城市要素流入农村的交换平等性与关注农村要素流入城市的交换平等性具有同等的重要性。我国要解决农村发展不平衡、不充分，解决有些乡村由于要素大量流失而带来的衰退问题，仅靠乡村自身的力量是难以完成的。要实现乡村振兴，必须依靠城市的资本、技术、人才等要素流入并与乡村资源和内在力量有机结合。而鼓励和吸引城市要素下乡，不能仅靠政府的行政动员，不能依靠不求回报的奉献，最根本的是让城市要素流向乡村获得公平公正的报酬。因此，在进入城乡融合发展的新阶段，深刻认识和准确把握城乡要素平等交换的双向性特征，对于更好促进要素向农村流动，推动乡村振兴具有十分重要的现实意义。

3.3.1.2 乡村振兴要求更加重视城乡要素交换与城乡关系的联动性问题

城乡要素交换与城乡关系具有显著的联动性。要素交换是资源在各经济部门间实现高效配置的重要过程，城乡要素交换的本质在于通过要素在城市和农村部门间流动为各部门发展提供必要资源。因此，城乡要素交换的过程与城乡关系变迁及城市化进程具有高度关联性。在城市化的不同阶段，城乡要素交换关系体现出不同特征，城乡要素交换关系也对城市化的模式选择和发展路径产生直接影响。我国东南沿海部分省份较早解除了对城乡要素交换的制度性阻碍，建立了以市场机制为核心的城乡要素市场体系，尤其是放宽了对农村土地要素流动的限制，而小城镇拥有相对丰裕的土地资源，为产业集聚提供了重要的支撑，因此形成了以市场为主导、以乡镇为产业载体带动农村实现就地城镇化的多中心、连片式城市化路径。中西部地区缺乏城乡要素自由流动的制度环境和财力支持，对城乡要素交换的管制和干预较多，尤其是对农村土地要素流动的限制较多，只能通过政府征地方式实现城市扩张，再以城市低廉的土地价格集聚工业，形成了政府主导下以大中城市为重点的核心化、圆心式城市化路径。

乡村振兴战略的实施过程也是城乡关系的重塑过程，乡村的全面振兴不仅要求乡村经济社会的全方位发展，也要求建立起与工业化后期发展要求相适应的城乡关系，并以城乡融合思路推进城乡要素交换关系的演进。因此，在乡村振兴战略推进过程中，要高度重视城乡要素交换与城乡关系间的联动性。一方面，通过农村产权制度等改革的全面深化消除城乡要素流动的制度性阻碍和向城市偏向的要素权利保护及分配方式，以城乡要素平等交换促进城乡融合发展；另一方面，也要始终以城乡融合发展理念推进要素在城乡平等交换，摒除城市要素与乡村要素的身份性差异，消除要素在城乡之间流动的"空间异质性"，建立起同质要素获得同等报酬的分配体系。

3.3.1.3 乡村振兴要求高度重视城乡要素交换中的经济、社会多重性问题

要素既是生产资源，也是要素所有者的生计来源，故而要素交换不仅是要素作为一种经济资源实现优化配置的过程，也是要素所有者获得收入的过程。因此，要素交换兼具资源配置和收入分配职能，城乡要素交换在实现要素在城市与农村部门优化配置的同时，也反映了城乡居民的收入分配关系，具有经济性、社会性多重性质。

从经济性角度看，要素交换是要素作为经济资源以各种方式在国民经济不同部门间配置的过程，其交换过程与经济发展密切相关。从宏观角度看，城乡要素交换通过劳动力、土地、资本等要素在城乡间流动，推动了产业结构的优化升级，通过集聚效应和规模效应与城镇化形成了密切的关系。从微观角度看，城乡要素交换提高了要素使用效率，进而提高了社会生产函数的总体效率，并以要素价格形式形成要素所有者的收入，构成国民经济初次收入分配的基本格局。

从社会性角度看，城乡要素交换对社会结构变迁产生直接影响。城乡社会关系是城乡关系的重要内容，城乡要素交换过程中城乡要素所有者的权利关系、市场地位和交换收益则是反映和影响城乡社会关系的主要因素。自由、对等的要素交换关系能够使城乡要素所有者获得平等的社会地位，能够更加顺畅

地实现社会流动，减少社会阶层固化和身份性歧视。而在城乡要素交换过程中，如果存在较多政策和非政策性壁垒，那么城乡要素所有者在交换地位上就存在先天的不对等性，由经济地位不平等引发社会地位不平等，造成城乡间多种形式的二元结构，而城乡二元结构一旦形成，很容易带来文化、意识、政策等方面的固化问题，从而进入制度"锁定"，形成路径依赖，进一步强化城乡社会关系的对立，造成城乡间社会流动的隔阂，导致社会阶层固化。

3.3.2 基于乡村振兴目标的城乡要素平等交换运行机理

乡村振兴要求城乡要素在权利体系、市场过程和收益分配三个维度实现平等交换。要素权利、市场建设、利益分配三个环节既是城乡要素交换过程中不可分割的有机组成部分，又是互为因果、相互促进、有机融合的整体，具有整体性、关联性和互动性特征。要素权利是要素在市场上进行平等交换的前提，而权利的实现需要高效、公平的市场体系，要素价格通过市场得到实现后，要通过分配机制使要素所有者获得合理的要素报酬，只有获得公平、合理的报酬，要素所有者才有动力积极参与要素交换过程，它的运行关系到城乡要素交易的运行，从而影响对要素权利的保护。因此，在构建城乡要素平等交换体制机制推进乡村振兴过程中，要把握三维协同的内在机制，发挥要素权利、交换过程、分配制度间相互促进的作用机理。

3.3.2.1 要素权利对等是要素市场有效运行的前提，是要素收益公平分配的基础

要素权利实质上是指要素所有者的权利，即要素所有者通过拥有要素获得的占有、使用、处置要素并获得收益的权利。要素所有者权利对等是实现要素平等交换的首要环节和基础，是要素能够自由进入市场并拥有平等交易地位的前提，也是要素收益在城乡间公平分配的基础。

城乡要素所有者权利对等是要素市场建立和有效运行的前提。市场机制能够发挥作用的基础性条件是交易主体能够平等、自由地进行交易，而对等的权利是主体平等、自由的重要保证。微观主体的权利平等性和公平性是市场经济的最本质要求[①]。新制度经济学将市场交易的本质视为权利的交易。诺贝尔经济学奖获得者罗纳德·哈里·科斯将生产要素视为一系列权利，"我们会说某人拥有土地，并把它当作生产要素，但土地所有者实际上所拥有的是实施一定

---

① 黄祖辉. 加强农民权利赋予和保障 [N]. 中国社会科学报，2010-11-23 (9).

行为的权利"①。经济学家诺斯认为，要素交换就是要素权利的交换，权利是市场的基础，"个人所有者在市场中通过缔约交换财产权利，要求这些权利具有排他性"②。因此，"财产权利是市场主体参与市场活动的第一要件，是市场活动的前提和基础"③。权利主体明确、功能完善、边界清晰是要素顺利参与市场交易的前提，也是市场高效发挥资源配置作用的基础。清晰界定并能够得到有效保护的要素产权安排能够使要素交易主体以平等的身份参与市场交易，并在交易过程中避免因权利界定不清晰、主体权利不对等而产生机会主义行为、价格扭曲等，从而有效降低交易费用，提高要素配置效率。

对于城乡要素交换而言，要素所有者拥有对等的所有权、处置权和收益权是要素市场建立和有效发挥资源配置作用的前提。"对等的要素权利"意味着城市与农村的要素所有者拥有的权利内容和产权强度不因社会身份而有所差别。产权对等赋予城乡要素所有者同样的市场主体地位和交易权利，使要素市场能够建立在统一、均质的权利基础上，也使市场交易过程避免了主体身份差异等非经济因素的干扰，保证了城乡要素市场的一体性和有效性。

城乡要素所有者拥有对等权利是要素收益分配公平的基础。要素权利通过市场实现，最终表现为要素的市场价格，权利的清晰、完整和受保护程度在市场交易过程中形成要素的价格，最终以所有者报酬的形式完成初次分配。因此，要素权利对等是要素所有者在初次分配过程中获得公平报酬的基础。城乡要素权利不对等使城乡要素所有者利益和外部成本难以体现在要素价格之中，致使城乡要素报酬存在差异，具体体现为城乡土地价格、劳动力价格以及资本报酬的差异。同时，城乡要素所有者拥有对等的权利也是城乡要素再分配公平的重要基础。在再次分配过程中，城乡要素所有者的权利是否对等决定了要素所有者在再次分配中所占份额的大小。在城市要素所有者产权强度强于农村要素所有者产权强度时，城市的土地、资本、劳动力等要素所有者能够凭借更加明晰、更加完整的要素权利获得更多的再分配份额，如城市劳动者能够享受更好的养老、医疗服务，城市的土地所有者能够借助更好的基础设施条件提升土地价格等。长期以来，我国在城乡要素权利不对等基础上，形成了城乡分配双

① 盛洪. 现代制度经济学 [M]. 北京：北京大学出版社，2003.

② NORTH D C. Markets and other allocation systems in history: the challenge of Karl Polanyi [J]. Journal of European Economic History, 1977 (9): 12-15.

③ 王克稳. 论市场主体的基本经济权利及其行政法安排 [J]. 中国法学，2001 (3): 3-17.

轨制，表现为城乡财政性资金的投入规模和分配标准存在较大差异①。

3.3.2.2 完善的要素市场能够推动城乡要素权利结构完善，是要素收益分配公平的重要保证

在市场经济环境中，要素交换的基本载体就是要素市场，因此，要素交换过程平等主要是指同类要素能够在统一的市场中，按照相同的交易规则进行交易。

平等的市场交易过程能够推动城乡要素产权结构的优化。要素产权是要素市场建立的基础，要素市场则是要素产权实现的重要路径。"产权明晰决定了市场能够有序竞争，市场在竞争过程中也可以促进产权的明晰，二者协调互动、变化演进。"② 产权的实质就是在主体之间对资源价值的界定与分配，而市场作为发现并处理信息的场所与过程，其所形成的价格信号是主体对资源价值需求的最终表达③。租值耗散理论认为，产权界定不清会导致资源价值在交易过程中发生"耗散"，为避免租值耗散，需要形成清晰、完整的产权，因此，完善的市场能够合理反映产权关系，并促进产权结构的完善。

完善的市场体系能够充分反映市场主体需求，促进要素产权在不同主体间分配，而市场机制要求交易主体拥有明确的产权主体地位，且各主体间权利边界明确，否则资源配置效率将受到损失，即新制度学者所称的"租值耗散"（奈特，1924）。为使租值耗散最小化、减少效率损失，产权主体应该采取激励手段明确并保护产权，从而促进产权制度的完善。无论采取何种方式推进产权制度完善，基本前提都是要具备竞争性的市场环境，使不同主体能够自由采取行动，攫取因产权界定不清产生的租金，产生租值耗散现象。激励原租金所有者或攫取租金所得利益者采用某种方式来保护租值不被耗散，需要一种协调主体之间利益冲突的新的行为准则和产权安排，而这就导致了产权制度的变迁。在完善的市场中，产权制度的缺陷能够通过市场主体行动得到修复，从这一意义上讲，公平的市场能够有效促进产权制度完善。

要素市场发育对于推动城乡要素产权制度完善的作用已经得到实践检验。随着城乡要素市场的不断完善，农村产权主体越来越重视对要素的产权安排和

---

① 李志勇. 双重双轨制再分配模式运行缺陷及改革思路 [J]. 公共财政研究，2015（3）：70-76.

② 王振坡，梅林，詹卉. 产权、市场及其绩效：我国农村土地制度变革探讨 [J]. 农业经济问题，2015（4）：44-50.

③ 李宁，陈利根. 农地产权结构细分与市场发展的关系研究：以"两田制"为例的理论阐释 [M]. 北京：中国社会科学出版社，2016.

保护，原有不对等的城乡要素权利结构正在被矫正。以城乡土地市场发展与农村土地确权为例，在城乡一体土地市场改革被提出之前，城乡土地市场严重分割，现代意义上的农村土地市场发育严重滞后，农村土地产权主体不清、边界不明、处置权和收益权被严格限制，其法律产权和经济产权均存在较多的"产权公共领域"（巴泽尔，1974），但是由于农村土地市场缺失，土地产权公共领域的可占用租金并未引发市场主体的攫取行为，因为没有给产权主体提供保护产权的激励，作为土地所有者的村集体和土地使用者的农户均缺少对土地产权进行界定、保护的动力，农村土地产权长期处于模糊状态。随着农村土地市场的发展，对农村土地交易的限制逐步放松，城乡一体的土地市场逐步发展，在市场交易过程中，农村土地公共领域产权引发主体攫取租金行为，导致土地租值耗散问题，直接影响土地产权主体利益。因此，作为农村土地产权主体的集体和农民对于明晰土地产权制度、避免租值耗散的现实需求越来越强烈。在成都等城乡统一的土地市场建设起步较早的地区，农民自发开展了土地确权、集体资产清产核资等工作，也证明了要素市场发展对于要素产权对等安排的激励作用。

平等的市场交易过程是实现要素收益分配公平的重要条件。要素市场是要素交换和价值实现的过程，要素产权主体通过市场交换实现权利，并通过权利获得收益。完善的要素市场能够反映要素实际贡献，并形成合理的要素价格。因此，自由、公平的要素市场是实现要素收益分配公平的必要条件，是城乡要素平等交换的重要环节。

从微观层面看，平等的要素市场是初次分配公平的重要条件。在自由、平等的市场交易过程中，各交易主体根据相同的交易规则进行要素交换，对交易内容、交易范围和价格形成的限制不因主体身份不同而有所差异。对于交易各方而言，要素价格只反映要素供求情况，不受主体身份性等非经济因素干扰，如劳动力工资水平仅反映劳动力需求和劳动力素质差异，劳动者城乡身份差别不影响工资形成。在收入分配领域，要素所有者凭借其要素所有权获得收益，平等的市场交易过程使同质要素所有者获得相同的收入。因此，市场交易过程平等是实现要素初次分配公平的重要条件。

从宏观层面看，完善的要素市场是城乡收入均衡的重要条件。扭曲的要素市场不仅压低了农村要素的报酬，而且显著提高了城镇居民的财产性收入（蒋含明，2016）。因此，学者普遍认为，我国城乡要素市场分割是导致城乡分配不公平的重要原因（王小鲁等，2004；匡远配，2013）。在工业化进程中，城市发展速度高于农村，要素在城市能够获得的报酬率也高于农村，在完善的市场中，要素报酬能够通过流动趋于均衡，城乡要素所有者收入也趋于均衡。但是由于我国城乡要素市场处于分割状态，城市与农村间要素双向流动不畅，城市要素报酬率偏高，而农村要素长期缺少经济机会，无法获得合理报酬，城乡要素所有者收入差距逐渐形成并不断扩大。近年来，城乡统一要素市场建设取得一定成效，城乡要素所有者的收入差距出现缩小趋势（钞小静、沈坤荣，2014），但是土地、劳动力和资本等要素市场的城乡壁垒仍存在，农村劳动力、土地要素向城市流动，城市资本、技术等要素向农村流动均面临制度和非制度性障碍，"城乡分割使得城乡要素流动受到阻碍，要素流动迟滞最终表现为对农民增收效应的迟滞"①。

3.3.2.3 要素收益公平是要素权利对等的实现结果和要素市场制度完善的核心动力

推进城乡要素对等的产权体系建设必须激发产权主体意愿，让产权主体有动力采取界定和保护产权的行动，而产权主体的行动意愿取决于产权体系建设后能够获得的收益。因此，要素报酬公平是要素所有者收益权对等的现实结果，也是促进要素产权制度完善的核心动力。要素收益分配从主体行为激励和主体行为能力两个层面对产权制度产生影响——公平的初次分配增强主体采取保护产权行为的激励；公平的再次分配增强主体保护产权的能力。

从主体行为激励层面看，公平的分配制度通过激励要素所有者付出界定和保护产权的努力来促进城乡产权制度的完善。根据新制度经济学理论，产权的界定是有成本的（科斯，1937），只有在明晰产权带来的收益高于产权界定成本的条件下，主体才有动力界定并保护产权。在城乡要素交换关系中，公平的收益分配制度能够使要素所有者获得合理报酬，增强要素产权主体为避免租值耗散而采取界定和保护产权的动力。相反，在非公平的收益分配制度下，分配会有明显的偏向性，往往表现为农村要素在初次分配中所获的应得报酬份额和再次分配中所获得的报酬份额被压低，农村要素所有者界定和保护产权的激励弱化。

从主体行为能力层面看，公平的再次分配制度能够增强农村产权主体信息获得能力、合作能力等，激发主体产权意识并提高谈判能力，从而增强其界定、保护产权的能力，促进产权制度的完善。不对等的城乡要素产权安排是我国工业化初期形成的制度设计，从制度变迁角度看，随着农村要素价值的提

---

① 匡远配. 我国城乡居民收入差距：基于要素收入流的一个解释 [J]. 农业经济问题，2013（2）：76-84.

升，农村要素产权主体应该成为推动产权制度变迁的"第一行动集团"，但作为农村要素产权主体，农民虽然有推动制度变迁的意愿，但缺乏采取行动的能力，我国城乡要素产权制度变迁仍表现为较明显的强制性制度变迁特征。农民行动能力不足的重要原因在于，滞后的农村基础设施和公共服务体系建设使农民缺乏获得信息和进行合作的能力和途径。公平的再分配制度能够通过基础设施建设、教育培训等弥补农村在公共品领域的不足，为农民提供更加畅通的信息获取和合作途径。

4 我国城乡关系变迁中面临的阶段性阻碍与现实问题

随着城乡关系的持续变迁，城乡融合发展面临的制度性阻碍不断弱化，但是农村要素长期净流出的基本态势仍待改变，农村自我发展的能力仍需加强。要实现城乡融合发展和乡村振兴战略目标，就必须继续完善以城乡要素平等交换为核心的城乡融合发展体制机制。

4.1 我国城乡融合发展存在的主要矛盾

4.1.1 实现乡村发展权与城市偏向政策路径依赖的矛盾

乡村振兴过程同时也是乡村发展权的实现过程，而城乡要素自由流动则是乡村发展权的重要内容和方式。虽然我国已经进入城乡融合发展阶段，但长期存在的城市和工业部门优先发展思维仍未从根本上得到改变。传统的城市偏向政策主要包括对农业生产的控制、农产品上缴、压低粮价以及通过户籍制度对劳动力由农村到城市的流动进行限制等，而随着市场化改革的推进，城乡商品市场已经实现一体化，现阶段的政策偏向主要集中于城乡要素权利、市场与收益分配领域，如不对等的城乡土地权利、有利于城市的金融转移项目、城乡间教育及医疗卫生设施差异等。

实施城市倾向政策的根源在于新中国成立初期确立的重工业优先发展战略，由于原有战略形成的城市利益惯性，目前城市偏向政策依然存在较强的路径依赖。城市偏向政策的路径依赖造成生产要素市场的扭曲，抑制了乡村发展权，从而最终影响了乡村乃至国民经济的健康持续发展。其中，现行土地制度是阻碍城乡平等发展的关键障碍，目前，乡村仍不能获得平等的建设用地权利，导致乡村产业发展受阻，人口和劳动力无法持续向乡村流动，资本也因缺少获利空间前景而不愿长期投入农业农村领域，乡村振兴战略缺少有效的实施路径。

4.1.2 城乡资源协同利用要求与要素间分割配置的矛盾

乡村振兴和城乡融合发展需要城乡要素能够在更大的空间范围内得到优化配置和合理利用，通过土地、资本、劳动力多元要素的协同激发乡村内生动力，培育乡村发展新动能。但是，目前城乡要素流动领域的改革仍以局部试点和单项推进为主，缺乏系统性改革激发的要素配置联动效应，导致不同要素配置出现分割，造成城乡资源协同利用困难。

目前，我国已经在城乡要素领域推进了诸多改革措施，其中以户籍制度改革为主要内容的城乡劳动力市场建设成效最为显著，资本下乡和农村金融体制改革也在持续推进，但是农村土地市场改革仍以封闭式试点为主。改革推进的不均衡使城乡要素配置分割进行，如城乡劳动力流动推动乡村产业发展，增加了乡村投资机会进而吸引资本下乡，但是在现行土地制度下，进入乡村的劳动力和资本利用集体土地从事非农建设的权利受到严格限制，抑制了城市劳动力和资本下乡的动力，进而抑制了乡村要素价值的实现和乡村产业的持续发展，乡村振兴也失去了持续发展的内在动力。

4.1.3 乡村发展的要素需求与城乡间收益率差异的矛盾

要素集聚是乡村振兴的前提和基础。通过城市要素的流入及其与乡村自有要素的结合培育起乡村自我发展的内在动力是实现乡村振兴战略目标的重要路径。但在实践中，要素仍持续向城市流动，乡村普遍面临要素需求与要素供给不平衡的问题。

要素单向流向城市的根本原因在于城市获利机会和要素边际报酬率普遍高于农村，吸引乡村要素流出。另外，由于乡村财产权利制度的封闭性、身份性仍未打破，加之政策不稳定性导致的获利预期不稳定，导致城市要素缺乏进入乡村的动力。以城市专业人才返乡下乡创业为例，在乡村劳动力流出和专业人才不足的条件下，城市劳动力进入乡村能够有效利用乡村资源、带动乡村产业发展，是实现乡村振兴的客观要求。城市人才进入乡村需要土地制度、投资制度的配套支持，如满足其生产生活用地和融资需求。虽然各地都出台了人才下乡的激励政策，但是受制于集体建设用地权的限制和集体财产的流动性限制，许多政策本身不具有长效性。如集体经济组织发展需要能人带动，而外来能人无法获得集体股份、无法享受集体资产增值收益，因而其缺乏进入农村并长期服务的意愿。

4.1.4 要素流入乡村的逐利行为与农民利益保护的矛盾

保护农民利益、促进农民增收是乡村振兴战略的重要目标。促进城乡要素自由流动不仅要为乡村整体发展构建要素支撑体系，还要为农民保护并实现自身权利、提高总体福利提供有效路径。在市场经济中，获得收益是要素所有者投入要素的根本原因，也是要素高效配置的主要手段。但是，在我国农民缺少组织和利益表达机制的背景下，城市要素流入可能造成对农民利益的损害。

在城乡要素市场化过程中，涉及国家、地方政府、企业、工商资本、集体经济组织和农民等主体，各主体均围绕利益展开博弈，但在这种博弈中农民作为主体的一方是处于弱势地位的。随着国家对资本下乡政策性限制的放松和农村投资机会的增多，越来越多的工商资本开始进入农村和农业部门。资本的进入为农业农村提供了最为稀缺的发展要素，不仅能够提升局部农业生产率，通过就业方式的变化改善农村人力资本状况，而且适当的现代农业开发项目也能产生正外部性，带动区域性经济繁荣，推动乡村产业振兴。但是，商业资本的逐利性和强大的资金实力决定了其在乡村占有优势资源和优势项目的必然性，从而产生与农争利的情形。由于部分地方政府对项目规模化、速度化的偏好，在乡村发展项目规划实施过程中，往往倾向于引入大资本，而排除规模和资金均有限的本地农民组织，而资本的逐利性决定了其进入的领域或者有较好的经营预期，或者有较高的政府补贴，并且资本进入后，由于信息不对称、协议谈判地位不平等、流转交易机制不健全等因素，可能出现对农户土地权益不同情形和不同程度的侵害行为。"长期来看，地方政府期望下乡资本繁荣农村经济、为农增利的初衷难以实现，更多的是资本与农争地、与民争利"①。

4.1.5 城乡要素市场化发展方向与政府职能错位的矛盾

受不均衡发展思维和传统工业化政策惯性的影响，部分地方政府仍倾向于"越位"参与城乡要素交易过程，影响交易主体决策，而要素产权制度改革、市场体系培育和交易监管等领域则存在政府"缺位"问题。要素市场化发展方向与政府职能错位的矛盾导致要素市场建设相对滞后，市场机制受到行政权力干扰的同时，部分制度供给又严重不足，城乡要素配置效率较低。

城乡要素流动实质上是一种产权交易行为，应由市场机制进行调节，通过

---

① 杨雪峰. 资本下乡：为农增利还是与农争利？[J]. 公共行政评论，2017（2）：67-83.

市场主体的自由交易、竞争与有偿交换来实现资源要素的优化配置，同时需要政府发挥提供制度供给、引导制度变迁、培育市场和监管等职能。从全省要素市场建设实践来看，以成都为代表的部分改革试点地区已经初步建立了城乡要素交易市场体系，但是其他地区仍处于起步阶段，城乡要素交易仍以政府主导为主，即使在部分改革试点地区，土地要素市场也存在较强的政府错位问题。以承包地流转为例，在政府越位问题方面，虽然建立了农村产权交易平台，但是许多乡村仍依靠政府以招商形式吸引社会资本参与土地流转，并且根据流转规模提供各类优惠政策，在这一过程中，政府不仅充当交易中介者，甚至替代农民成为实际供给方。政府直接参与土地流转市场不仅扭曲了土地价格，而且损害了市场的公平性，小规模经营主体很难获得优惠政策，市场主体处于不公平竞争状态，最终损害市场的效率。在政府缺位问题方面，目前承包地流转市场仍存在信息不对称、流转风险较高等问题，需要政府发挥制度供给者、市场监督者的职能，如对于流转风险的抑制职能，许多地区仅依靠采取流转保证金的做法，但流转保证金多为一年租金，且因加大转入方经营成本而很难执行，迫切需要政府根据地区实际建立前事前审核、事中监管、事后分享的完善体系，但政府相关职能发挥并不充分。

4.2　我国城乡融合发展面临的现实问题

4.2.1　集体经济组织缺位导致城乡要素交换主体不对等

推进城乡要素市场化是市场经济发展的必然要求，也是实现要素平等交换的关键路径，然而在要素市场化过程中要实现平等交换，一个重要前提就是交易各方的权利和地位要对等，谈判能力和实力要相称，否则就可能导致不平等的交易结果，损害弱势一方的利益。现实中，城乡要素所有者主体地位并不对等，与城市要素所有者相比，作为农村要素所有者的农民缺乏组织优势、信息优势、决策优势，也无强大的资本和经济实力，与城市资本等要素所有者相比，农民大多处于弱势地位。

城乡要素所有者主体地位不对等的重要原因在于农民缺乏维护自身利益的组织。目前，我国在城市范围内基本建立了主体明确、结构清晰的产权关系，而乡村要素所有者在要素权利，特别是土地要素权利方面仍存在诸多问题。如在未开展集体经济产权制度改革的乡村，集体土地所有权主体"虚位"，土地剩余控制权和剩余索取权实际上归于村两委，对于土地实际共有者的农民而言，缺乏对土地交易方式和增值收入获取的决定权，相对于使用权和处置权，拥有占有权和使用权更具现实意义。因此，城市居民能够通过土地市场交易土地使用权并获得增值收益，而未获得明确所有者地位的农村居民更愿意占有更多宅基地。城乡土地要素所有者行动的差异最终导致城市土地能够按照边际收益得到合理配置，而大部分乡村土地使用存在预算"软约束"，村庄内部规划混乱，宅基地面积普遍超标，集体经营性土地长期闲置，土地要素配置效率偏低。

4.2.2 乡村土地要素权利被抑制诱发要素配置"边界效应"

从我国的要素禀赋条件来看，经济发展过程中，土地不仅是最为稀缺的资源，而且是集聚其他要素的重要载体，与劳动力、资本甚至科技等要素流动密切相关。对于土地要素流动的严格限制直接影响劳动力的城乡双向流动、以土地价值为基础的农村金融市场发育、以土地产权稳定性为前提的乡村建设投融资等领域的发展。

在城乡二元经济结构中，城市和农村的要素权利主体享有的权利存在较大差异，农村要素主体往往处于弱势地位，其要素产权强度远低于城市要素主体[①]。农民拥有的要素权利并不完整，如农民虽然具有承包地的占有权、使用权、收益权和流转权，但并没有农地非农转用的决定权，决定农地非农转用的只能是政府。对于宅基地，农民只有使用权并没有转让权、抵押权、处分权，不能转让给集体经济组织外的主体。对于农村集体建设用地，其与国有建设用地在权能上差异巨大，即便能够直接入市其转让价格也很悬殊。城乡要素权利差异，使城乡要素权利制度存在空间异质性，造成城乡要素流动和利用的"边界效应"，即由于在城市与乡村两个空间的权利不对等，许多要素只能在城或乡独立空间内部配置，而导致空间内部各要素禀赋与城乡整体空间的实际要素禀赋不同，要素在边界两侧空间的价值不同。在缺乏专业化交易市场的情况下，要素交易仅仅局限于某个地区或某种行业，城市所拥有的现代要素难以通过专业化市场进入农村，农村所拥有的丰富要素是以非专业的、自发的形式进入城市。

从实践来看，城乡土地要素权利不对等导致的"边界效应"具体表现为：城市建设用地严重不足，乡村内部却出现宅基地扩张、空心村等土地低效利用问题；乡村专业技术人员紧缺，城市却存在大量无法发挥专业特长的事业人

---

① 罗必良. 产权强度、要素禀赋 [M]. 北京：经济科学出版社，2013.

员、退居二线的专家等；乡村建设资金严重匮乏，城市却出现大量进入投机领域的"游资"。

4.2.3 城市资本短期化行为挤压乡村自有要素获利空间

虽然城乡二元经济结构问题有所消减，但是对要素流动的城乡分割性限制仍然存在。城市资本要素进入农村和农村土地要素进入城市均面临政策性阻碍。

以资本流动为例，从城市资本要素流动来看，政府因担心"资本下乡"会带来"非粮化""非农化"问题，对资本流向农村给予诸多限制，如资本进入农村要经过层层审批，同时由于缺乏明确的乡村产权变更和保护机制，城市资本在农村投资往往缺少有效保护。这就造成了资本进入乡村往往经由非市场化路径，如依靠政治资源和社会资本进入，缺少相关资源的社会资本很难维持在乡村的长期运营。而依靠非市场化路径进入的资本所有者，其投资决策和经营行为必然发生扭曲，在实践中就表现为行为"短期化"问题：大规模圈地，以最少资本投入占用最大面积土地；利用政治资源进行政策性投机，套取支农补贴；增加非农性投资，转变土地用途，缩短投资回报周期等。

4.2.4 城乡要素市场扭曲导致要素价格存在隐性"剪刀差"

要素流动实质上是一种产权交易行为，理应通过市场主体的自由竞争与有偿交换来实现资源要素的优化配置。但我国农村要素市场发育滞后，农村各要素的稀缺性无法通过合理的市场价格表达，城乡要素的比价关系朝着不利于农村的方向转变，导致城乡要素交换过程中存在隐形"剪刀差"。城乡要素价格扭曲集中体现在土地价格"剪刀差"上。城乡二元土地要素市场是我国城乡差异最为显著的部分，也是面临阻碍最多、改革推进最为困难的领域。工业化快速推进过程中，为保证工业集聚和城市发展，我国采取了城乡分割的土地管理体制，并将国家征地作为土地在城乡间分配的唯一路径。早前征地制度确定的补偿标准是"按照被征收土地的原有用途给予补偿"，土地用途转变后级差地租变化产生的巨额增值收益大部分被城市产业资本和地方政府获取①，农民作为土地要素所有者基本失去了土地收益的分配权。

4.2.5 城乡要素收益再分配过程仍存在较强的"城市偏向"

城乡要素收益分配包括初次分配和再次分配两个过程。初次收益分配的公

---

① 黄季焜. 制度变迁和可持续发展：30年中国农业与农村［M］. 上海：格致出版社，2008.

平是指要素所有者能够获得合理的要素报酬，"合理的"是指要素所有者能够在公开、完善的市场上获得以要素价格形式表现的要素报酬；再次收益分配的公平指通过财政转移支付、公共品供给等形式使城乡要素所有者能够平等获得要素收入再次分配份额。

以财政转移支出为主要手段的要素收益再分配差异主要体现在城乡公共品投入上。从公共品投入上看，目前，我国城乡基本公共服务均等化取得了显著成效，城乡居民在医疗保障、义务教育以及基本养老保险方面均实现了制度全覆盖，乡村的基础设施也已有很大提升。但是，城乡基本公共服务水平依然存在较大差距。例如，在医疗卫生方面，优质医疗卫生资源过度向大城市、大医院集中，而农村医疗卫生设施落后，医疗技术人才缺乏，且普遍存在年龄老化、专业水平低的情况。在社会保障方面，经过多年的改革发展，我国已初步建立起统一的城乡居民社会保障制度，但社会保险事业城乡二元结构的局面仍然存在，城乡分割的社会保险运营机制没有太大改变，除新型农村合作医疗推广速度较快、覆盖面较广外，其他险种皆发展缓慢。

第二篇

统筹城乡：成都市城乡关系
变革的历史探索与经验

2007 年，成都市成为全国统筹城乡综合配套改革试验区，承担起为全国统筹城乡领域改革先行探索和积累经验的重要任务。党的十八大胜利召开以来，在中央和省委、省政府的大力支持下，成都市以城乡居民平权为起点，构建城乡一体的权利体系、市场体系、公共品供给体系以消除城乡居民身份性福利差异，通过城乡养老体制、医疗体制、教育体制、村级治理体制、农村金融体制、新农村建设体制等领域的一系列改革，在城乡统筹的关键性领域取得了重大突破和进展，不仅完成了全面统筹城乡综合配合改革试验区设立的既定目标，更为我国进入经济发展新阶段后城乡关系的调整与变革积累了宝贵经验。

经过改革探索，成都市基本完成了统筹城乡综合配套改革试验任务，形成了以城乡产权制度改革、城乡要素市场体系建设、城乡户籍制度改革、城乡空间和功能布局优化为核心内容的统筹城乡发展制度体系，基本建立了统筹城乡发展体制机制的总体框架，探索了工业化中后期城乡关系的合理形态和城乡统筹发展的可行路径，回答了在现行约束条件下我国统筹城乡发展在广度和深度上的最大可能，为我国城乡统筹改革向纵深推进提供了宝贵的经验。

5 成都市统筹城乡改革的重要 探索与创新

全国统筹城乡综合配套改革试验区获批十年来，成都市以工业化中期城乡关系变迁规律为依据，遵循城乡居民"权利对等、机会平等、成果共享"的改革总体思路，走出了以城乡要素权利对等为起点、以城乡市场体系建设为重点、以城乡公共品供给均等化为关键的统筹城乡发展改革路径，在城乡产权制度、市场体系建设、社会保障体系、公共服务和社会管理、农业经营体制、新农村建设等领域大胆创新，并推动各领域改革协同互促，发挥改革的整体性和系统性，为我国统筹城乡发展累积了重要经验。

5.1 农村产权制度改革：构筑对等的城乡产权基础

成都市以农村产权制度改革矫正非对等的城乡要素权利结构，为统筹城乡改革构建平等的产权起点，在完成全域农村产权确权颁证和建立农村产权交易服务体系的基础上，探索建立了农村产权保护制度和改革成果运用体系。

5.1.1 以确权颁证明晰农村财产权利结构

2008 年年初，成都市启动农村产权制度改革，在全市范围内实施了以"还权赋能"为核心的农村产权制度改革。2015 年，在全面完成农村"六权"① 确权基础上，成都市又启动了新"四权"改革，即农业生产设施所有权、农村土地经营权、农村养殖水面经营权和小型水利设施所有权等农村产权的登记颁证。截至 2016 年年底，全市确权颁证工作已基本完成，累计颁发各

---

① "六权"包括：农村集体土地所有权、土地承包经营权、集体建设用地使用权、农村房屋所有权、林权、集体资产股权.

类产权证和股权证共计 889 万余本，颁证率超过 99.5%。通过确权颁证，成都市建立起主体明晰、边界清晰的农村产权制度，使农村居民获得了对等的财产权利，为城乡要素自由流动和资源优化配置奠定了重要基础。

5.1.2 建设制度化的农村产权保护体系

成都市建立了农村产权管理服务体系，组建乡镇农村产权管理服务中心，完善农村产权信息数据库，将农村产权登记纳入常态化、信息化管理；建立农村产权保护体系，组建农村产权维护法律援助中心，创设成都农村产权仲裁院，建立市县乡三级农村产权纠纷调处机制，维护农村产权合法权益；开展农村产权"长久不变"试点，以集体经济组织成员会议自主自愿形成决议的方式，探索了农村土地承包经营权"长久不变"的实现途径。截至 2016 年年底，全市共有 32 001 个村民小组达成农村各类产权"长久不变"决议，占开展农村产权确权颁证涉及村民小组总数量的 89%。

5.1.3 拓展农村产权改革成果多元运用空间

为了让农村居民拥有更加灵活的财产权利实现形式，成都市以产权改革成果运用增强农村产权权能，让农民获得与城市居民对等的产权主体地位。一方面，探索集体建设用地使用权的多种实现形式，鼓励和支持集体建设用地使用权持有人在符合规划的前提下，通过自主开发、公开转让、参股合作等方式开发利用集体建设用地，优化了土地要素在城乡间的配置效率，在为城乡产业发展提供要素基础的同时，拓宽了农村集体组织和农民的收入来源；另一方面，探索农户自愿有偿退出宅基地的可行路径，在充分尊重农民意愿和确保住有所居的前提下，结合农村土地综合整治、场镇改造建设、乡村旅游发展需要，采取货币化安置、住房安置等方式，开展农户宅基地使用权退出改革试点。

5.1.4 突破农村产权权能实现的金融约束

农村金融有效供给不足是农村产权权能实现的重要制约。为破解这一问题，成都市在积极推进农村土地经营权抵押融资和农民住房财产权抵押融资试点工作的同时，主动运用农村产权制度改革成果，系统推进金融领域各项改革，使全市农村金融体制改革向纵深发展。一是创新农村金融产品，在开发集体建设用地使用权、农村土地承包经营权、农村房屋所有权、林权抵押融资产品的基础上，创新出仓单质押、资金互助社、职业经理人资格贷款、集体建设用地上在建项目抵押贷款等多种融资方式，扩大了农村有效抵押担保物范围。

二是完善风险防范机制，通过成立产权抵押担保公司，建立农村产权担保和保险风险补偿专项资金、农村产权抵押风险防范基金，同步开展政策性农业保险和涉农商业性保险，进一步完善风险分担机制，加大对农村金融的政策支持力度。同时，成都市建立土地流转履约保证保险机制，通过引入商业性保险机构，设立土地流转履约保证保险产品，对农户和业主履行土地流转合同行为进行保险，防范土地流转中的违约风险。三是完善农村金融服务体系，构建"农贷通"金融服务平台，鼓励金融机构向农村延伸网点，简化农民获得金融服务的程序，农村金融服务可得性全面提升。

5.2 要素交换制度改革：构筑城乡平等的发展机会

成都市在消除城乡劳动力流动的制度性阻碍、搭建农村土地要素交易市场、完善资本下乡体制机制的基础上，从更深层次上突破城乡要素流动的制度约束，构建以市场引导城乡要素自由流动、合理分工的体制机制，为城乡居民提供了平等的经济发展机会。

5.2.1 消除劳动力要素流动的城乡壁垒

随着城乡户籍一元化管理体制的建立，成都市城乡居民的身份性差别已经消除，但要真正实现劳动力在城乡间的自由流动，必须从根本上保证城乡劳动者获得同等的就业机会和社会保障。为此，成都市确立了"政策制度城乡统一，公共服务城乡一体，就业机会城乡均等"的工作思路，配套推进户籍制度、就业服务制度、社会保障制度改革。从 2014 年开始，成都市在基本建成城乡一元户籍管理制度的基础上，又在全国率先探索建立了灵活的城乡养老保险关系接续机制，通过"补差""换算""合并"三种方式实现城镇职工基本养老保险和城乡居民养老保险关系自由转移，特别是允许通过补缴对应年度缴费差额，实现缴费年限合并计算的办法，使流动人口，特别是外出务工群体的养老保险得到累积和延续，极大地降低了劳动力转移和流动的成本，解决了阻碍城乡劳动力自由流动的关键性难题。截至 2016 年年底，全市城乡居民社会养老保险转入职工基本养老保险 17 993 人，折算转入城镇职工基本养老保险 266 人，城镇职工基本养老保险转入城乡居民社会养老保险 3 074 人。

5.2.2 探索集体经营性建设用地入市的制度体系

在完成农村土地财产权利确认以后，成都市同步推进集体土地入市制度建设，通过构建城乡统一的土地市场体系为集体土地在城乡间高效配置提供条件，同时也为农民实现其土地权利铺设路径。早在 21 世纪初，成都市就开始自主探索集体土地与国有土地"同地同权"的制度可行性，并在部分地区审慎试行。2014 年，国土资源部将地方探索上升为国家层面的改革试点，在郫县（现为郫都区）推进农村集体经营性建设用地入市试点工作。在此背景下，成都市国土资源局和郫都区人民政府围绕"基础管理、入市管理、配套管理"三方面设计了一整套制度体系，并通过基层实践的不断反馈来反复验证，最终形成了关于集体经营性建设用地入市的系统性规则，明确了集体建设用地的利用策略，提出了具体规划的实施措施和政策突破点，完善了土地利用功能分区及其管制规则，为全国推进相关领域改革提供了重要经验，改革试点取得的阶段性成绩和前期贡献得到国土资源部的高度评价。2017 年 1—5 月，郫都区推进入市宗地 5 宗，面积 25.36 亩（1 亩≈667 平方米），成交总价款 1 410.04 万元，收取增值收益调节金 186.36 万元。

5.2.3 建立城乡产权交易全方位服务系统

为加快城乡要素自由流动，为城乡产权交易提供常态化、制度化的服务，成都市成立了全国首家"成都农村产权交易所"，在区（市、县）建立农村产权交易分所，在乡（镇）建立农村产权流转服务站，培养发展农村产权经纪人 200 余名，形成了市、县、乡三级农村产权流转交易平台、四级服务体系。另外，成都市制定了《成都市集体建设用地使用权流转管理暂行办法》《成都市农村土地承包经营权流转管理办法》《成都市鼓励集体林权入场流转管理暂行办法》《成都市鼓励和引导农村产权入场流转交易办法》等一系列政策措施，建立了一整套农村产权流转交易的程序、规则和流程。截至 2016 年年底，全市通过成都农村产权交易所实现集体建设用地使用权交易 115 宗，交易金额 8.68 亿元；建设用地指标交易 1 212 宗，交易金额 202.34 亿元。

5.3 公共服务制度改革：实现城乡居民公共福利均等化

在实行城乡"一元化"户籍登记、建立村级公共服务和社会管理专项资金的基础上，成都市积极推进公共品供给制度改革、城乡基本养老保险制度改革、城乡基本医疗保险改革，以均等化的基本公共品供给体系建设打破城乡身份性差异，保证改革成果能够被城乡居民均等享有。

5.3.1 打破农民向城镇转移的政策壁垒，实现农民进城入户"零门槛"

在全市范围内取消"农业人口"和"非农业户口"的性质划分，实现城乡"一元化"户籍登记。农民租住统一修建房屋、城镇私人成套住房可登记入户，促进进城务工农村劳动者向城镇居民转变。剥离附着于户籍上的城乡居民差别性权利和待遇，推行居住证管理，以居住证为载体，赋予来蓉人员子女就学、证照申领、医疗卫生、社会保险、住房保障等基本公共服务权利，稳步推进城镇基本公共服务常住人口全覆盖。

5.3.2 推进公共财政制度改革，形成城乡平等的财政投入机制

促进更多财政资金投向公共服务领域。扩大公共服务类支出范围，在全国率先将农村基本公共服务和社会管理经费纳入财政预算。完善财政一般转移支付制度和财政支农稳定增长机制，探索项目投入重点由农村基础设施建设转向产业项目，通过将财政投入形成的资产，量化分配给项目区域的农户或农民合作社社员，让农户参与合作社或其他新型经营主体的决策管理，通过落实项目的监督管护责任，解决财政投入盲目、随意、管护缺位等问题。

5.3.3 启动城乡社会保障体系改革，建立城乡一体的基本医疗保险和养老保险制度

将新型农村合作医疗与城镇居民和大学生基本医疗保险并轨整合，全面实施城镇职工基本医疗保险和城乡居民基本医疗保险，全市城乡基本医疗保险实现了市级统筹、城乡统筹、全域结算，做到了筹资标准城乡一致、参保补助城乡统一、待遇水平城乡均等。实现城镇职工基本养老保险制度和城乡居民基本养老保险制度的灵活转移，用人单位及其职工参加城镇职工基本养老保险，无用人单位的城乡居民可自主选择参加任何一项城乡居民基本养老保险，两种制度全面衔接、自由转移接续，基本养老保险制度城乡分割、"碎片化"现象彻底消除。

5.3.4 实现城乡教育供给均衡，构建多维教育体系协同发展机制

以城乡统筹、产教融合为目标，探索"公共服务公平均等、资源配置动态均衡、质量水平全域共进、管理方式创新融合"的城乡教育资源供给一体化机制，形成城乡一体的基本公共教育服务体系、具有成都特色的现代职业教育体系、服务区域的现代高等教育服务体系和吸纳全民的现代终身教育体系。

2016年年底，全市义务教育均衡指数为0.25，城乡教育一体化实现度为87.46%，教育现代化总达成度为93.1%，教育国际化总实现度均值为66.8%。

5.4　农业供给侧结构性改革：探索现代都市农业发展的合理路径

成都市具有鲜明的"大都市+大郊区"特征，具有良好的农业发展基础和条件，城市人口的增加和城市功能的拓展也在客观上要求成都市必须建立起能够支撑特大城市食品及营养需求、满足消费者多元需求的现代农业体系。因此，在统筹城乡发展过程中，成都市在实现农业适度规模化经营和产村相融发展的基础上，不断探索新农村建设、管理机制创新和农村产业转型升级的新路径。

5.4.1　培育以职业农民为主的现代农业经营主体

在扶持农村专业合作社、股份合作社、专业大户、家庭农场、劳务公司等多种农业经营组织发展的同时，积极培育农业职业经理人，创新设立农业经营主体培育专项资金，采取政府购买服务的方式在农民合作社中试点实施会计代理制度，鼓励农业职业经理人按城镇职工标准购买养老保险。

5.4.2　形成以"农业共营制"为代表的产业化经营模式

通过奖补等形式推动土地向新型经营主体流转，鼓励基层大胆探索多种新型农业经营方式，形成了以农业共营制为代表的土地适度规模经营模式。随着土地流转规模的扩大，流转价格逐渐提高，对新型经营主体造成了严重的影响，同时，农业服务体系发育滞后也严重制约了适度规模经营的进一步发展。为破解上述问题，2010年以来，崇州市开始探索建立农业共营制经营模式，通过建立土地股份合作社、聘请职业经理人、培育社会化服务体系，形成了农业"共建、共营、共享、多赢"的新模式，为农业适度规模经营开创了新的发展方式，对全国农业经营方式转变产生了深远的影响。

5.4.3　推进以产业融合为目标的农业转型战略

根据城乡产业统筹发展和国家级中心城市建设目标，成都市充分运用产权制度改革成果，通过产业政策引导农村三次产业融合发展，实现产业结构优化。推动农业全产业链发展，支持社会资本进入农产品精深加工业和农村商贸流通服务业，补齐产业链前后端。实施一二三产业融合发展战略，为农业与旅游业、文化产业、会展业等互动发展提供信息、技术、资金支持，引导都市观光农业、休闲农业有序发展，推动乡村旅游转型升级。

5.5 新农村建设工程：构建新型城乡关系的应然形态

在统筹城乡战略背景下，成都市率先启动了新农村建设工程，致力于推动农村从形态到功能的转变。从 2003 年开始的"拆院并院"到目前的"小组微生"，成都市用十年的时间实现了农村升级，建立了一系列规范化和制度化的工作机制，构建了农民主动参与的民主决策程序，打造了一批风格各异、宜居宜业的产业形态，所形成的创新性经验对于我国新农村建设具有较强的借鉴性和参考性。

5.5.1 推进从"小组微生"到田园综合体的新农村升级路径

2012 年，成都市按照"四态合一"理念和"业兴、家富、人和、村美"的目标要求，启动"小组微生"新农村综合体建设。成都市制定《成都市农村新型社区"小组微生"规划技术导则》，以成都第二绕城高速公路、成温邛高速公路、成安渝高速公路、成绵复线高速公路等为重点，成片成带推进"小组微生"建设。不仅延续了过去集中居住的农村形态在农地规模化利用、为城镇化提供土地指标、改善农村生产居住环境等方面的贡献，还优化了居住形态和村组布局，满足农民生产生活需求，受到农民的一致认可，同时挖掘了乡村生态潜力、文化潜力，赋予了新农村更多的功能，拓展了更广阔的发展空间，成为城乡一体化建设的重要载体，被称为"新农村建设的4.0版本"。经过实践探索，形成了郫都区青杠树村、崇州市五星村等一批"小组微生"美丽新村，全市共建成形态优美、配套完善、产村相融的"小组微生"新村 217 个，总投资 88 亿元；实现 3.1 万户，9.95 万人入住新居。2017 年 2 月，成都市"小组微生"新农村模式被农民日报举办的"宣传贯彻中央一号文件精神暨 2017 '三农'发展大会"专题报道评为"中国'三农'十大创新榜样"。目前，成都市正在进一步提升新农村建设标准，通过产业升级、产村融合推进"小组微生"新农村综合体实现布局优化和功能丰富，从而向宜居宜业宜游的田园综合体建设转变。

5.5.2 创新村级公共服务和社会管理机制

为解决城乡公共财政投入不均衡、农村公共品供给不足的问题，成都市主动探索农村公共服务和社会管理机制改革。一方面，将公共服务和公共管理村级专项资金纳入各级财政预算，建立"专项资金标准增长比例不低于同期财政收入增长比例"的增长机制，使农村公共服务和社会管理得到充分保障。另一方面，建立"自下而上"需求主导型、民主化的公共决策机制和多元参与机制和公共服务的民主表达机制，通过一系列公共服务专项资金使用程序等相关规范，增加决策过程和资金使用的透明度，创新了公共财政资金使用方式，大幅提高了资金使用效率。通过两项改革措施的有机结合，成都市构建了"民生带动民主，民主保障民生"的双向互动机制，在实现城乡公共服务供给一体化的同时，切实提高了基层治理能力。成都市在农村公共服务和社会管理机制领域的探索具有重要的首创意义：全国第一个针对村级公共服务和社会管理的政策措施；在全国第一次提出了村级公共服务和社会管理的目标；第一次系统提出了村级公共服务和社会管理的内容；第一次界定了村级公共服务和社会管理的责任；第一次将村级公共服务和社会管理纳入各级财政预算；第一次提出村级公共服务和社会管理项目的实施要让农民进行民主决策与民主监督。

5.5.3 创新农村小型公共基础设施村民自建模式

为将农村基层民主落到实处，成都市创新农村小型公共基础设施建设模式，将政府投资管理体制改革与新型村级治理机制建设有机结合，以政府投入农村小型公共基础设施项目为载体，以发挥村民主体作用为主线，将项目的选择权、实施权、评价权赋予村民，形成"实施体系、组织体系、监督体系、制度体系+信息化平台"的"4+1"模式。

5.6 城乡空间演进：呈现工业化新阶段城乡空间结构的基本形态

为适应城市化发展新阶段对城乡空间布局和功能划分的客观要求，成都市前瞻性地调整了城乡发展战略，推动城乡形态由原来的圈层式布局向"双核联动、多中心支撑"的功能区布局转变。为构建新的城乡形态，成都市统筹产业发展规划和城乡发展规划，以产业功能区为基本单元，系统布局中心城区、郊区新城、小城镇、新农村综合体，分工合理、层级清晰、有机衔接的现代城乡体系正在逐步形成。

5.6.1　以更科学的城乡规划体系引领城乡空间布局优化

成都市转变规划理念，以"全域成都"理念改进和提升总规统筹管理水平，构建起层级分明、统分结合的总规编制和实施管理体系。成都市构建了"技术规定+导则+地方标准"的小城镇建设规范标准体系，全面提升小城镇规划水平。成都市首创乡村规划师制度，公开招聘符合条件的乡村规划师，并派驻乡（镇），作为乡（镇）专职规划技术负责人，负责就乡（镇）发展定位、整体布局、规划思路及实施措施向乡（镇）政府提出意见建议，参与规划编制、实施、监督管理全过程。

5.6.2　以重点镇建设为核心推动小城镇合理布局和功能升级

成都市启动重点镇建设工程，并结合市域城镇体系规划，推动其中 10 个重点镇转型升级向小城市发展，推动小城镇向产镇一体、产村相融，主导产业支撑有力、生态文明持续发展、文化特色鲜明、宜居宜业的特色镇过渡。成都市开展统筹城乡综合改革示范镇建设，探索整镇推进城镇建设、产业发展、农民转移的路径和办法，实现先行先试、典型引路的示范效应。

5.6.3　以跨镇区域协同发展机制推进新型城镇化和新农村建设

为克服镇级经济体规模较小、难以形成集聚效应的问题，成都市提出跨镇区域协同发展思路，在统筹考虑城镇发展、产业布局和公共服务设施配置的基础上，结合区域资源禀赋、产业结构等条件，推行打破镇域界限、连片编制规划，将多个镇的土地资源、产业布局、基础设施、公共服务等进行统筹考虑、一体规划。目前，崇州市白头镇—集贤乡、大邑县斜源镇—花水湾镇—出江镇、金堂县竹篙镇—又新镇—广兴镇示范片、彭州市濛阳—葛仙山示范片等已初见成效，成为统筹城乡新的示范展示窗口。

5.6.4　以绿色发展理念推进现代城乡生态文明建设

作为国家首批生态文明先行示范区，成都市将绿色发展理念作为统筹城乡发展的重要指导思想。推进环城生态区、龙泉山城市森林公园、大熊猫国家公园建设，打造"小组微生"新农村综合体，"宜居水岸、活水成都"，增花添彩等特色工程，创造性地在城市近郊设立生态隔离区，成为国内首个为城市特定区域生态保护出台地方条例的城市。在组织保障上，成都市创新基层环保管理，在全市 317 个乡（镇、街道）设立环保机构，成为全国副省级城市中第一个将环保监督网格管理全面延伸到一线的城市。目前，全市基本实现中心城区、郊区县城、乡镇生活污水处理全覆盖，初步构建起"两山两环、两网六片"的生态安全格局。城乡生态环境全面提升，资源能源利用效率逐步提高，圆满完成"十二五"节能减排约束性目标任务，获批建设国家餐厨废弃物处置试点城市，蒲江县获批国家级循环经济示范县。

5.7 推进脱贫攻坚：补齐城乡居民共同富裕的区域短板

简阳市位于四川盆地西部、龙泉山东麓、沱江中游，北倚成都市龙泉驿区、双流区、金堂县，东南邻资阳市雁江区、乐至县，市区距成都中心城区 48 千米，是成都向东向南开发建设及产业布局的第一县（市），自古被誉为"蜀都东大门"。2016 年 5 月，县级简阳市获批从资阳市代管划归成都市代管，2017 年 4 月，简阳市 12 个乡（镇）划入成都高新区。由成都市代管后，简阳市经济将面对一系列创新机遇，为简阳市经济社会发展提档升级构建了坚实基础。但是，相对薄弱的发展基础和较多的贫困人口，也成为简阳市缩小城乡居民收入差距、实现城乡居民共同富裕的重要制约。在此背景下，成都市将简阳市作为脱贫攻坚重点关注区域，通过系统制定脱贫方案、大规模投入帮扶物资、构筑地区自我持续发展的内在动力等，实现了简阳市贫困人口的脱贫摘帽和乡村的跨越式发展，为城乡融合构筑了坚实的基础。

5.7.1 主要工作

5.7.1.1 加强组织保障

简阳市由市委书记、市长总负责脱贫攻坚工作，调整充实脱贫攻坚领导小组人员，制定下发脱贫工作要点、脱贫攻坚"三步走"战略实施方案，召开市委农村工作暨脱贫攻坚大会，全面安排部署脱贫攻坚各项工作。同时，简阳市坚持规划引领，编制完成了脱贫攻坚"十三五"规划，85 个贫困村全域村庄规划，交通、水利、电力等 21 个专项扶贫规划。一是细化落实责任。简阳市与 46 个镇（乡）和市级部门签订目标责任书，确保各项工作任务分解到部门、落实到具体人员。二是健全了工作机制。简阳市创新机制、集中攻坚，定期召开市脱贫攻坚领导小组例会和联席会议，研究解决工作推进中的具体问题。三是严格落实"五个一"帮扶全覆盖要求。简阳市制定脱贫攻坚督查考核办法、奖惩措施、问责办法、信息报送等制度，建立"四位一体"扶贫工作常态督查机制，对全市46个乡（镇、街道）脱贫攻坚工作开展全覆盖督查。四是强化了资金保障。简阳市将涉农资金、财政专项资金、县市帮扶资金统一用于贫困村项目建设，筹集资金建立教育扶贫救助、卫生扶贫救助、贫困村产业扶持、扶贫小额信贷"四项基金"，切实保障了贫困村教育、医疗、产业发展等资金需求。

5.7.1.2 坚持系统推进

一是全力保障住房安全。简阳市对省定建档立卡贫困户住房开展安全鉴定，将危房户和无房户全部纳入住房安全保障，制订《简阳市贫困户住房安全保障实施方案》，整合农村危房改造补助资金及"贫困户安居工程"资金，加快实施贫困户住房安全建设。二是发展产业带动增收。简阳市投入产业扶持基金、精准到户资金，通过入股农业公司、企业或专业合作社等方式增加贫困村集体经济收益，推进乡（镇）农业产业园区建设，积极推广"龙头企业+基地+合作社+贫困户"帮扶机制。三是帮扶就业促进增收。简阳市围绕动态消除零就业家庭的目标，建立贫困户劳动力"一库五名单"，组织召开"就业援助月""春风行动""就业帮扶""区域合作"等就业专场招聘会，同时大力开展农村电商扶贫，在贫困村建立村级电商服务点。四是加强基础设施建设。简阳市全面推进贫困村道路、农田水利、通信电力等基础设施建设，积极完成整治渠道、修建河道项目，着力改善贫困村文化、医疗卫生条件。五是落实民生政策兜底。简阳市全面落实贫困家庭最低生活保障政策，将贫困人口纳入低保范围，全面实行"二免一补""雨露计划"等贫困家庭学生资助政策，建立教育扶贫救助基金，确保贫困家庭学生全部就学。同时，简阳市全面落实贫困户"两提一兜底三取消""十免四补"等医疗救助扶持政策，保障贫困人口实现市域住院合规费用"零支付"，门诊费用支付10%之内。

5.7.1.3 全面推进问题整改

一是组成暗访督查组，采取随机抽查、查看资料、入户走访等方式扎实开展"十问十看""点对点"向各乡（镇、街道）下发整改通知，进一步明确、细化"五个一"帮扶工作目标任务、职能职责、工作纪律，对简阳市"五个一"帮扶人员进行专题业务培训。二是组织干部"一对一"帮扶贫困人口，开展贫困户"大走访、大联系、大对接"活动，强化脱贫攻坚政策宣传引导，密切党群干群关系。三是积极推进"四好村"创建活动，广泛开展"感恩奋进"教育，开办农民夜校，引导群众用勤劳双手改变落后面貌。

5.7.2 实践创新

5.7.2.1 注重问题导向，建立动态反馈机制

近年来，扶贫工作涉及精准识别、精准帮扶、精准退出等多个环节，存在多项政策落实及项目建设。在烦琐的扶贫工作中，往往容易出现精准识别不到位、帮扶项目不切合贫困户实际需求、政策宣传覆盖面不足、个别贫困户不认可脱贫退出等问题。问题的累积叠加往往容易引起贫困户对整体脱贫攻坚工作的满意度降低、干群关系矛盾冲突增加，阻碍扶贫工作的顺利落实，同时不利于贫困区域的和谐发展。基于上述问题，简阳市部分贫困村创新性地形成了以问题台账为突破、以问题导向为路径的扶贫工作倒逼机制，让贫困户及非贫困户能够及时反馈扶贫工作中存在的问题及自身的特定需求，通过建立问题台账，化解扶贫工作推进过程中的难点问题，此举有利于改善干群关系，有利于群众对扶贫工作满意度的整体提升，有助于扶贫工作的顺利落实。

5.7.2.2 注重利益均衡，破解农村内部矛盾

在精准扶贫、精准脱贫的关键时期，大量扶贫资源进入贫困地区助力实现区域整体脱贫。同时，很多项目的扶持政策明确倾向贫困村域或特定贫困群体，扶贫政策及扶贫项目的"扎堆"进入及倾斜过重极易导致贫困区域内部间的矛盾冲突。在脱贫攻坚工作过程中，简阳市较为注重主体利益均衡机制构建。一是落实贫困区域与非贫困区域的帮扶均衡机制。简阳市除在贫困村建立"五个一"帮扶机制外，远在 20 户以上贫困户所在的非贫困村积极落实"三个一"（乡镇帮扶单位、第一书记、帮扶责任人）帮扶机制，及时平衡贫困区域与非贫困区域的帮扶对接。二是搭建贫困群体与非贫困群体利益共享机制。扶贫政策及扶贫资源的倾斜过重容易引起非贫困群体的不平衡情绪，不利于扶贫工作的顺利推行，对此，简阳市注重搭建扶贫资源向非贫困群体覆盖机制，将贫困群体享受政策的部分扶贫资金用于改善村域整体公共服务及配套设施。三是搭建已脱贫贫困户与未脱贫贫困户政策共享机制。为平衡往年脱贫的贫困户与 2017 年预脱贫贫困户在政策覆盖层面的差异，简阳市对往年已脱贫但住房存在问题的贫困户，将符合条件的纳入 2017 年易地搬迁项目（2017 年改为安居工程项目）；对存在需要改善住房但不符合安居工程条件的贫困户优先享受危房改造政策，极大地平衡了往年脱贫贫困户的不均心理，有利于往年脱贫贫困户对扶贫工作的整体认可。四是搭建帮扶教育机制。简阳市注重以意识教育为核心，注重群众思想观念教育，通过感恩教育、最美家庭评比等文化活

动，增加了群众对扶贫工作满意度，便于扶贫工作顺利推进。

5.7.2.3 注重资源整合，增强扶贫投入实效

扶贫工作需要积极调动各界资源多方参与。简阳市在整合资金、技术、人才及村内外的扶贫资源方面进行了有益尝试。一是积极整合政府、企业、金融机构、社会组织等各类扶贫资源。按照"公司+基地+贫困户""公司+专业合作社+贫困户"等模式参与整村、整乡推进。二是整合各类涉农资金。简阳市变部门多头分散投入为政府捆绑集中投入，整合相关专项资金项目，重点包括国土、交通、农林、水利、住建、民政、残联等部门在内的各类涉农资金。通过构建发展要素系统整合机制，简阳市将贫困群众自身的发展要素、政府的扶贫资源以及企业、金融机构和社会力量有机结合整合，形成多方共同参与、资源有机整合的大扶贫格局，不仅摆脱依靠单一主体和资源不足的弊端，而且形成了多管齐下、优势互补共促脱贫的良好局面。

5.7.2.4 注重产权改革，带动集体经济发展

集体经济是农村经济的重要组成部分，是促进农业增效、农民增收、农村繁荣稳定的重要物质基础，"空壳"作为多数贫困村集体经济的现状，是集体经济发展存在阻碍的关键症结。因此，找准发展村级集体经济与精准脱贫的结合点，把精准脱贫作为发展壮大村级集体经济的重要契机，通过集体经济发展壮大提高扶贫成效的稳定性，增强贫困群众自我发展能力，才能提升脱贫开发的质量和效益。为此，简阳市重点开展现有资源盘活和财政投入资金股权量化。一方面，强化资源盘活支持贫困村集体经济发展，以深化农村产权制度改革为动力，推动资源变资产，实现贫困区域集体经济收入的有效增长。另一方面，将投入到集体经济组织的财政投入资金折股量化到户，并入股经营效益良好的企业，获取年底分红，以此促进集体经济实现增收。

5.7.2.5 注重帮扶对接，构建多层扶贫体系

帮扶单位对贫困区域实现脱贫具有重要作用，在给予帮扶资源、引进特色产业、拓展营销路径、提供技术指导以及联系政府项目等方面都能对贫困区域脱贫致富起到强大的支持。简阳市在脱贫攻坚工作过程中，积极搭建帮扶单位与贫困区域的沟通渠道，争取帮扶单位的倾力支持，为贫困地区引进发展资源。一是构建帮扶单位对接贫困区域。简阳市将贫困地区基础设施改造升级作为撬动区域发展的重要抓手，积极争取帮扶资金，目前，每个贫困村有300万的成都市区县对口帮扶资金，用于贫困村基础设施及配套服务项目改造升级。二是构建"五个一"帮扶对接贫困群体。简阳市以第一书记及农技员为先导扎实推进帮扶工作，有效搭建贫困户与"五个一"帮扶的沟通渠道，及时获

取贫困群体的意见建议。三是构建帮扶责任人对接贫困人群。贫困户家中除张贴帮扶明白卡外，还张贴帮扶责任人照片、帮扶责任人基本信息等。通过帮扶责任人与贫困户的对接机制，有利于政策宣传的细化落实，有利于贫困户及时充分了解帮扶责任人信息，便于搭建结对链条，提升贫困户对帮扶责任人满意度。

6 成都市统筹城乡改革取得的历史经验

在改革之初，成都市面临发展路径的艰难选择，在经济地理呈现出显著的"大城市+大农村"特征的背景下，传统的城市优先发展模式已经造成了显著的城乡二元结构问题，城市也无力承担反哺农村的巨大财政投入。为转变发展路径、解决城市化进程中出现的问题，成都市选择了城乡统筹发展的道路，前瞻性地推进了农村产权制度改革、城乡要素市场一体化、城乡公共服务均等化等一系列改革，为我国城乡关系的调整积累了难能可贵的经验。

6.1 系统集成推进是城乡关系有序推进的合理路径

城乡统筹综合配套改革既是社会经济改革中的重要内容，也是我国城乡发展战略的一次关键探索，是城乡关系和社会结构的深刻变革。因此，城乡统筹综合配套改革涉及城市和农村各个领域，各项改革紧密联系、相互交融，任何单项改革都会对其他领域产生影响，同时也需要其他改革密切配合。因此，统筹城乡综合配套改革需要构建一整套更完备、更稳定、更管用的制度体系，使各领域改革能够实现联动和集成，从而使改革的总体效应最大化。作为改革试验区，成都市不仅要完成方案设定的各项内容，更要以实践回答如何通过各领域改革内容的统筹规划和改革路径的科学设置实现改革整体效果的最大化。

在改革内容设计上，成都市确立了以重建城乡居民的财产权利为起点和突破口、以赋予城乡居民平等的发展机会为关键、以实现城乡均等的居民权利为重点的整体改革思路，有机串联起城乡领域诸多环节，找出各项改革之间的内在关联和相互作用，以此为基础设置各项改革的推进顺序和路径。

在改革内容联动上，在继续深化单项改革的同时，成都市将相关改革进行系统集成以发挥整体效应。如设立综合改革示范片，在示范镇（片）集成推进"8+1+N"改革：8项改革已有的改革探索+1项"小组微生"新农村综合体建设模式+N项各区（市、县）根据自身实际自选确定的改革任务，通过多项改革内容的整体联动推进发挥改革集成效应。

在改革推进路径上，成都市在坚持有序推进的同时，注重前后改革内容的衔接性，如在完成农村确权颁证工作后，重点推进城乡市场体系建设，为农村产权形式的转化和财产价值的实现提供条件，既增强了产权主体明晰程度又保护了产权的激励效果，有效巩固并运用了改革成果。在城乡户籍管理制度领域，成都市在实施城乡无差异户籍制度后，同步跟进城乡医疗、养老、教育体制改革，使户籍制度改革真正发挥作用，而不仅仅是在名义上消除居民身份差异。同样的改革思路还体现在村级公共服务和基层治理体制改革领域，在建立村议事会等基层民主制度后，成都市设立了村公基金制度，在公共财政向村庄延伸的同时，让基层民主具有了实质内容，实现了村庄"民主"与"民生"建设的相互促进。

6.2 政府引导与农民自主有机结合是城乡关系发展的内在动力

成都市统筹城乡综合配套改革注重顶层制度设计与基层实践探索的相互配合，政府根据社会经济宏观背景和地区客观现实设计改革方案、统筹改革措施，激励基层在遵守改革方案确定的基本原则和思路的前提下主动探索改革路径，并及时反馈实践中出现的问题和风险，上层制度设计者根据基层反馈不断调整改革方案。通过顶层设计与基层实践的紧密互动，成都市统筹城乡综合配套改革进入自我驱动的良性循环，改革形成了持续推进和深化的内在动力。

成都实践证明了顶层设计和整体谋划对于统筹城乡改革的重要性。统筹城乡综合配套改革是一项覆盖城市与农村各个领域的全方位系统工程，各领域改革紧密联系、相互交融，任何一个领域的改革都会牵动其他领域，同时也需要其他领域改革密切配合，需要强有力的顶层制度设计，锚定改革目标、确定内容框架，才能降低改革成本、避免盲目推进带来的混乱与风险。统观成都市统筹城乡综合配套改革十年历程，不难发现顶层设计对于明晰改革次序、协调利益冲突的重要意义。在改革之初，成都市就设立了作为领导"中枢"的城乡统筹委员会来加强顶层设计，总揽改革内容。在改革推进过程中，特别是进入改革全面深化阶段，依靠强有力的顶层设计，成都市较为顺利地实现了改革各领域的联动和集成，如在完成农村土地确权和经营权流转制度建设工作后，协调市金融办、市农委等协同推进土地经营权抵押融资、土地流转风险防范机制、土地流转履约保证保险等改革措施；在推进集体经营性建设用地入市试点中，成都市出台了 23 个配套办法，为改革构建了完备的规则体系，最大限度地保证了试点工作的推进。

在重视顶层制度设计的同时，成都市特别强调基层实践对于制度的反馈和矫正作用。统筹城乡综合配套改革是一项涉及所有城乡居民切身利益、深刻影响城乡关系发展趋势的经济社会结构调整，需要通过基层实践对改革内容是否合理、路径是否可行、风险是否可控进行检验。因此，成都市尤为尊重基层创新，通过政策引导和激励充分发挥基层干部和群众的能动性。如在集体经营性建设用地改革中，成都市允许各乡村自主探索土地整理和入市的方式，形成了"五自模式""战旗模式"等形式多样的改革路径，在及时总结、评估其可行性的基础上，将具有价值的做法上升到正式制度层面，这些制度将成为相关领域改革的重要指导。

6.3　农业农村发展是城乡统筹的出发点和落脚点

成都市将破解"三农"问题、实现农村同步发展作为改革的重要目标，在农业经营方式、农村公共服务供给、农村基层治理等方面进行探索，构建了以农业适度规模经营模式创新为基础、以"小组微生"新农村综合体建设为载体、以农村公共服务和社会管理改革为突破的农业农村转型升级体制机制。

首先，成都市以农村产权制度改革为基础，围绕转变农业经营方式的目标，系统实施农村金融深化、财政支农体制改革、土地流转风险防控体系完善等全方位改革。在完成农村承包地确权颁证工作后，全市农业适度规模经营面积稳定增长，但土地流转不规范、经营者融资困难等问题阻碍了现代农业经营方式的建立。为解决新型经营主体融资问题，成都市在开展农村产权担保融资的基础上，制定完善农村产权抵押融资办法，建立抵押融资风险基金。针对土地流转合同违约问题，成都市通过引入商业性保险机构的方式设立土地流转履约保证保险产品，保费由经营方和农户共同承担，为减轻流转双方资金压力，地方财政补贴双方保费的 50%。

其次，为实现村庄功能和形态的转型，成都市创新性地提出了"小组微生"新农村综合体建设思路，改变了农民大规模集中"上楼"带来的问题和风险，有效解决了农村公共品供给和产业发展问题，从乡村规划、产业布局、村容村貌、公共服务等方面实现农村的全面升级，探索了工业化中期以后乡村在社会功能和空间结构上的可能形式。

最后，成都市将村级公共服务和社会管理改革作为重构基层治理体系的重要突破。为解决农村公共品供给不足、责任不清和基层民主机制不完善的问题，成都市协同推进了村级公共服务和社会管理改革，在通过持续增加财政预算保障资金来源的基础上，创新性地建立了以农民需求为导向、以"议事会"为组织载体的民主表达机制，为基层民主和村级自治提供了具体内容和制度保障。

6.4 "人地钱"挂钩的建设机制是统筹城乡发展的基础保障

成都市将城镇化与农业农村发展紧密联系在一起，认识到城镇化能够为国家制定强农惠农富农政策提供重要的经济基础，为农村人口的大规模转移提供就业、居住等方面的必要条件，通过统筹城乡发展，能够有效破解"三农问题"，为农业农村发展提供新的契机。为解决城镇化进程中人地矛盾，协调人口城镇化与土地城镇化的关系，成都市在土地、财政、户籍等多个领域进行制度创新，建立了以人为根本、以地为保障、以钱为支撑的新型城镇化建设体制机制。

首先，将土地与人的流动相挂钩，引导区域内人口要素和土地资源合理配置。成都市推进土地制度改革的目的不仅仅是为了破解城市空间扩展的用地问题，更是为了通过构建更加自由的要素市场使土地要素能够根据产业发展需求和人口流动趋势进行优化配置，促进城镇化进程中地区之间、城乡之间人地关系协调发展。成都市意识到，传统的以征地形式挤压农村发展空间的城市化模式不具有可持续性。因此，成都市主动实施征地制度改革，探索农村集体建设用地管理和使用制度创新，不仅创立了集体建设用地公开转让的制度体系，而且鼓励和支持集体建设用地使用权持有人以自主开发、参股合作等方式利用集体土地，为农民就地城镇化创造条件。

其次，将财政投向与人口流向相挂钩，探索建立"钱随人走"的公共财政投入机制。为了解决城市化进程中公共服务供给问题，成都市建立起以人口流向为导向的城乡财政投入机制，一方面，根据城市人口规模增加公共服务供给，为进城农民提供与城市居民同等的住房、社保、教育等服务；另一方面，尊重农民居住意愿和城乡关系客观规律，加大向小城镇、新农村综合体的财政投入，创新村级公共服务制度改革，为人口就地城镇化提供保障。如在新村建设中同步配套完善基础设施和公共服务设施，确保入住农民享受到与城市居民同等的基础设施和公共服务，提升农民生活品质。

6.5　城乡要素平等交换是城乡统筹发展的关键环节

城乡要素自由流动是统筹城乡的核心问题，因此，成都市将完善城乡要素自由流动的体制机制作为改革的起点和关键环节。为实现城乡要素自由流动，成都市以农村产权制度改革为切入点，有序推进了城乡土地、劳动力、资本等要素的市场化进程，通过不断引导制度创新、完善市场机制，实现城乡要素的自由流动和平等交换。

在改革内容上，成都市以保障要素所有者权利为核心，推进农村产权制度改革；以资产量化、股份制改造为方向推进农村集体经济重构和发展壮大；以多级信息化平台为载体，推进农村产权交易体系建设；以"三权分置"为突破口，推进土地经营权流转；以"同地同权同价"为目标，推进集体建设用地入市；以健全城乡统一的劳动力市场为路径，促进城乡劳动力流动；以建设现代农业和社会主义新农村为指向，推进金融和农村产业结合。经过多年来的不断探索，成都市突破了经济社会发展中的诸多体制瓶颈，把城乡一体的土地、劳动力、资本等要素市场建设向纵深推进，扩展了要素流动的空间，激发了要素自身活力，提高了要素配置效率，在更大空间范围内形成了以市场为基础的城乡要素集聚和积累，为全市实现圈层融合、城乡协同发展奠定了基础。

7 成都市统筹城乡改革的总体评价

经过十年的改革探索，成都市基本完成了统筹城乡综合配套改革试验任务，形成了以城乡产权制度改革、城乡要素市场体系建设、城乡户籍制度改革、城乡空间和功能布局优化为核心内容的统筹城乡发展制度体系，初步建立了统筹城乡发展体制机制的总体框架，探索了工业化中后期城乡关系的合理形态和统筹城乡发展的可行路径，回答了在现行约束条件下，我国城乡统筹发展在广度和深度上的最大可能，为我国统筹城乡改革向纵深推进提供了宝贵的经验。

7.1 完成了国家统筹城乡综合配套改革试验的目标任务

根据国家对统筹城乡综合配套改革试验区的要求，成都市在城乡多个领域进行了体制改革，并在城乡产权制度、户籍制度等领域取得了突破性进展，基本形成了以顶层制度设计为引导、以城乡居民权利对等和机会均等为着力点、以政府引导下微观主体利益激励为动力、以多领域改革政策系统集成为施策手段的统筹城乡发展体制机制，基本完成了改革任务，实现了国家设立统筹城乡综合配套改革试验区的目标。

从改革成效来看，目前，全市"三个集中"达到较高水平，城市化率达到70.6%，城乡居民收入差距缩小为1.93：1，农业农村转型升级趋势明显。三次产业互动发展机制基本形成，实现了城乡产业结构的合理布局；一体化的新型城乡形态初步呈现，形成了适应发展规律的城乡序列；现代城乡治理结构框架已经完成，构建了统筹城乡发展的管理体制；城乡土地产权制度改革持续推进，疏通了城乡资源配置的关键渠道；农民转移的制度性阻碍基本消除，探索了城镇化有序推进的重要路径；农村金融体系建设取得重大突破，对冲了农村农业发展的金融抑制；城乡居民二元身份壁垒完全打破，延伸了就业和社会保障服务范围；城乡居民基本公共服务同权同质，建立了均等化的城乡公共品供给制度；城乡生态文明建设水平显著提高，贯彻了全域绿色发展的建设理念。

对照改革方案设定的目标体系，成都市在大多数领域已经超前完成改革目标。目前，全市统筹城乡改革已进入全面深化阶段，正在将前期改革成果向纵深领域推进，通过各项改革措施的系统集成和协同联动，不断完善统筹城乡发展的体制机制，探索更多具有推广、借鉴价值的改革经验。

7.2 探索了一批具有首创价值的改革模式

成都市的统筹城乡改革是在既无历史借鉴又无经验学习的背景下启动的。从经济发展史看，无论是欧美发达资本主义国家还是亚洲新兴工业化国家，其发展基础、发展环境等都与我国实际情况相去甚远。从国内各地经济发展情况来看，部分地区在某些领域开始着手推进改革，如广东省的城乡人力资源市场建设、集体建设用地入市改革等，但是东部发达地区的改革多为满足城市和工业发展的需求，而广大西部地区既无良好的工业基础，又必须承担起保障国家粮食安全的重任，这意味着，中西部地区的改革目标和路径与东部地区必然存在差异，国内既有的改革经验对中西部地区改革的借鉴作用非常有限。

在此背景下，成都市首先准确地把握了自身作为西部大城市的实际情况，提出城乡、圈层、产业间协同发展的改革目标。在此基础上，成都市探索形成了一批首创性的改革思路和模式：探索了城乡一体集体建设用地市场构建的可行性；构建了现代化的乡村公共服务和社会管理制度；率先构建了城乡一元的户籍管理制度，真正实现了城乡居民基本公共服务均等化；形成"农业共营制"等农业现代经营方式；首创农村集体建设用地使用权、农村房屋、农村土地承包经营权和林权直接抵押融资模式和农村"金融仓储"模式；创新设立了农村土地流转风险防范机制和履约保证保险。可以说，成都市在统筹城乡的各个领域都进行了大胆创新，形成了一批首创性的改革思路和模式，虽然部分尝试仍不成熟，但正是这种在风险可控前提下的积极探索使改革具有更加深刻的历史意义和现实价值。

7.3 优化了城乡功能体系和空间布局形态

在统筹城乡发展方面上的大胆改革、锐意创新是成都市城市功能不断拓展、城市质量快速提升、推动城镇可持续发展的有力支撑和重要保障。近年来，传统的城市发展模式弊病不断显现，"大城市病"已经成为国内外许多城市发展的主要阻碍。要克服这一问题，必须对城乡功能体系和空间布局进行重新规划和调整，而统筹城乡改革为这一转变奠定了重要基础。

在统筹城乡改革中，成都市大力推进了城乡规划制度改革，推进城乡规划全覆盖，将城市与农村作为一个有机整体，对全域范围内空间布局、产业发展、资源环境保护、基础设施和公共服务设施配置进行统筹规划，建立了城乡一体、有机衔接的规划体系。成都市实行了乡村规划师制度，增强了乡村规划的科学性。根据工业化中后期人口分布变化规律和产业发展趋势，成都市规划布局了"小组微生"新农村综合体建设，并推进农村公共服务和社会管理制度改革，构建了"新型工农城乡关系"，使农村形态和功能更加适应新阶段城乡关系的需要，为建设国家中心城市背景下城乡关系的重构奠定了关键基础。

目前，成都市正在重塑城市空间结构和经济地理，由圈层式布局转变为成都平原经济区、大都市区、区域中心和功能区、产业园区和特色镇四级城市体系；通过城乡功能的合理分工优化拓展城市空间，构建有机衔接的现代大都市城乡体系。

7.4 破解了农业供给侧结构性改革面临的关键难题

对于成都市而言，农业既是为特大城市提供基础性保障的战略性产业，也是新阶段区域经济持续发展的重要增长点。因此，推进供给侧结构性改革、实现现代农业的转型升级是统筹城乡发展必须完成的重要任务。之前，成都市农业发展面临着土地、劳动力等流转不畅导致的规模经营发展缓慢，新型经营主体缺乏金融支持，农业基础设施供给不足，农村产业融合缺乏着力点等关键性难题。为破解上述问题，在统筹城乡发展过程中，成都市通过一系列制度创新推进农业供给侧结构性改革，引导农业转变经营方式、提高经济效率，实现由传统农业向现代多功能都市农业的转型。

针对阻碍土地适度规模经营的关键因素，成都市在探索土地承包权"长久不变"的基础上，积极推进农地"三权分置"改革，通过稳定承包权解除农民对土地流转的担忧，并配套推进全方位的农地流转服务体系和风险防范机制，为土地经营权流转构建了完善的制度保障。通过让农民"带着财产权利进城"，享受均等的城市基本公共服务，鼓励农民实现从身份到生产生活方式的市民化，弱化土地的保障性功能，从而解决了农民"半市民化"对土地流转的阻碍。

　　针对新型经营主体面临的现实困难，成都市建立了稳定的财政支农制度，强化对农业实际经营者的奖补力度，设立农业经营主体培育专项资金，采取政府购买服务方式在农民合作社中试点实施会计代理制度，鼓励农业职业经理人按城镇职工标准购买养老保险。通过农村金融体制改革拓展各类新型经营主体融资渠道，创新财政支农资产股份化改革、农田水利基础设施建设投资和管护机制改革等，改善了农业基础设施条件，有效促进了新型经营主体发展。

　　针对农村产业融合缺乏着力点和突破口的问题，成都市将"小组微生"新农村综合体建设与村庄产业融合发展有机结合，依托新农村优美的生态环境和设施完备的农民新居，引导农民规范发展以赏田园风光、品农家美食、住农民新居、体农事生活为主题的乡村旅游。

7.5　践行了"以人为本"的新型城镇化发展理念

　　成都市的统筹城乡不是将集体土地征用为国有土地、让农民进入城市从而实现数字意义上的城市化，而是以人的居住习惯、意愿为核心，通过城乡居民、本地人口与外来人口公共福利的均等化，缩小城乡差距、增强城市吸引力，体现了"以人为本"的新型城镇化发展理念。

　　在引导农民"市民化"进程中，成都市没有过度追求农民进城落户的数量和速度，而是采取以社会保障和公共服务改革保障进城农民子女教育、医疗、养老、住房等公民权利，增强城市对农民的"引力"；通过进城落户农民"三权"维护和承包地、宅基地自愿有偿退出机制，增强了农村对农民的"推力"。

　　"以人为本"的新型城镇化还体现在成都市对"就地城镇化"的支持上。对于农民的"恋土情结"，成都市表现出极大的包容和尊重，一方面，加快推进小城镇建设，为不愿离乡的农民就近提供居住条件和就业机会；另一方面，创新村级公共服务和社会管理机制、推进农村公共设施标准化建设，实现农村在公共服务和基础设施方面的"城市化"。

专栏 1：成都市以"小组微生"新农村综合体建设推进城乡发展一体化

（1）通过规范化的工作机制引导基层实践。

在推动"小组微生"新农村综合体建设中，成都市高度重视各项制度的引导作用，市、县、镇三级政府均制定了规划、建设和管理的相关政策，确保各层级能够明确工作程序、组织方式等，通过多部门联合行动，优化各项政策文件，为"小组微生"建设提供了制度保障。如蒲江县成立了全域幸福美丽新村攻坚行动工作领导小组，把任务细化到相关县级部门和乡镇；建立常态化工作机制，定期由县委、县政府主要负责人主持召开工作现场会，检查督促工作开展情况；编制了全域推进新村建设的总体规划和实施方案，形成中等城市、小城市、特色镇和新农村综合体协同发展的城乡规划建设体系；进一步制定了社会化推进新村建设实施办法，编制项目建设规范化操作流程图，完善社会业主资格审查办法，设立项目投资保证金和民工工资保证金等风险防控等具体措施；开展新村建设培训，指导村社区建立民主决议、项目监督、新村管理等制度，审查把关新村规划，提供专业建筑质量监管服务。

（2）发挥乡村规划的引领性。

成都市高度重视乡村规划的作用，在实施"小组微生"新农村综合体建设过程中坚持规划先行、规划引领。在确定建设总体思路后，由成都市规划管理局制定《成都市农村新型社区"小、组、微、生"规划技术导则》，从小规模聚居、组团式布局、微田园风光、生态化建设四个方面出台具体可行的指导意见："小"即小规模聚居，要保持每个聚居点 50~100 户，建设"紧凑型、低楼层、川西式"的特色民居；"组"即组团式布局，要求各聚居组团间距在 50~500 米，方便农民生产生活；"微"即微田园，要做到房前屋后种植花卉苗木和蔬菜瓜果，建设"小菜园""小花园""小果园"，方便生活、美化环境；"生"即生态化建设，要注重林盘、水系、田园等生态资源的保护与利用，保护和传承川西民俗文化，打造"林院相依、院田相连、田水相映"的川西生态田园风光。

在规划选点上，由市规划、国土、建设、交通、水务、防震减灾、乡镇政府等部门共同现场踏勘核实后，综合考虑防灾避险与安全第一、节约集约用地与少占耕地、宜聚则聚和宜散则散、生态优先和保护文化本底等多方面要素。在编制规划过程中，各区（市、县）普遍采取农民全程参与和专业机构规划设计相结合的方式，体现"多规合一"的村庄规划和"四态融合"的新居设计。规划设计单位结合点位区位条件，在统筹考虑基础设施建设、公共服务建设、绿地景观建设、产业发展情况等基础上，按照"小组微生"规划要求，同步规划建设功能集成配套的基础设施及标准化的社区公共服务和社会管理设施，构建"10分钟生产生活圈"，提高农民现代生活品质。

（3）充分保障农民在乡村建设和管理中的权利。

成都市推进"小组微生"建设全过程中始终坚持农民利益为主导，高度重视农民主体性地位的发挥，从设计、施工到后期管理让农民全程参与，在尊重农民意愿的基础上，构建了从户型设计、施工队伍选择、质量安全、收益分配、社区管理全过程的农民民主商议、自主决定机制。在这一过程中，各级政府做好规划建设的指导和服务工作，并及时听取农民投诉建议，随时做出反馈。

在建设初期，乡村社区建设工程由农民集体核算成本、自主设计。培育村集体资产管理主体，成都市将新农村建设资金怎么来、怎么用、怎么还等核心问题交给群众自主讨论，从而在机制上确保农民真正地参与。同时，成都市将新村点位布局、户型设计、风貌形态等规划方案交给群众商议，专业设计机构再根据农民的意愿和诉求进行修改完善，最后由农民自主选择。村集体资产管理主体有多种形式，如邛崃市在项目区成立"土地整理项目议事会"和"土地整理项目监事会"，在安置点成立"建房议事会"和"建房监事会"，组成人员均由参与项目的农户投票产生。

在建设过程中，由农民群众做主、把关。建筑施工单位采取参与农户代表现场投票、唱票的公开比选招标方式确定。新居建设过程中，各个组团均有农户推选的群众代表组成工程质量监督小组，对施工过程进行全程监督，确保建设质量。例如，蒲江县实行以村民为主"统规代建"的新村建设模式，工程质量由群众监督和政府职能部门专业监督双重把关，项目验收由政府与村民联合开展，重点验收"小组微生"规划是否走样、1+21公共服务配套是否到位、建筑质量是否符合要求等，发现问题及时整改，提升新村建设质量满意度。

在小区后续管理方面，按照农民自我教育、自我管理、自我服务、自我监督的原则，实现从村落管理到院落管理的转变。例如，郫都区在各安置点成立相对独立的小区管委会（业委会），主任由村支部书记兼任，成员分别在新村建房议事会和村民议事会成员中选举产生，并分组团选举产生"院落委员会"。同时，向农户发放新型社区生活手册和管理导则等资料，从现代生活技能、文明习惯养成、社区物业自治管理等方面对农民进行培训，实现社区的

"自我管理、自我服务",逐步引导农民的生产生活习惯向城市居民转变。都江堰市棋盘社区是灾后重建过程中形成的,社区集中安置的农户多,体量较大,一度面临小区管理困境,特别是集中居住后,在传统的宴请风俗中出现不断攀比的现象。为此,社区在党小组和业委会的协同工作下,制定了"社区群宴管理制度",受到小区住户的普遍认可。

(4)打造与现代乡村发展需要相适宜的业态体系。

为了让建成后的新农村更加具有持续发展能力,成都市要求新村建设要形成产村协同的发展规划,引导乡村建设与产业的良性互动。在实践中,各区(市、县)也积极把新村建设与提升第一产业和培育第三产业结合起来,如在新村周边因地制宜地规划建设农业生产基地、产业园区,发展适度规模农业种养殖业。重点培育发展家庭农场、专业合作社,推进土地适度规模经营,促进农业生产经营方式转变。郫都区安龙村突出有机蔬菜、微型盆景特色产业,组建了"安龙蔬菜"和"小微盆景"合作社,启动了有机蔬菜基地和精品盆景展示园项目建设;郫都区青杠树村组建了粮经专业合作社,启动了800亩(1亩≈667平方米)的优质粮油和有机蔬菜基地建设;邛崃市临济镇郑湾安置点结合郑湾传统的支柱型产业,引进嘉林生态农场,大力发展"黑猪""黑茶""黑鸡"和"脆红李""三黑一红"产业,带动500余户农户实现增收;都江堰市棋盘社区主动创新基层组织管理机制,以适应社区与产业的协调发展,由社区党总支(原村两委)统领,分为物业管理与服务党支部和合作社党支部,下设细化功能。

(5)激发乡村资源价值,破解建设资金不足的问题。

"小组微生"新农村综合体建设过程中,在现行的政策和法律框架下,成都市引导农民运用农村产权制度改革成果,探索切实可行的融资机制和项目整合机制,推动项目运作。成都市通过组建村集体资产管理公司,采取产权融资、农民自筹、社会资金参与等方式,探索以市场化手段实现建设项目资金平衡的路径和办法:产权融资是利用参与农户入股并经变更登记后的集体建设用地使用权,向成都农商银行直接抵押融资,然后通过整理节余的集体建设用地流转收益或指标收益来偿还融资本息,实现资金平衡;农民自筹是根据土地资源、成本测算以及户型选择等,由农民补足部分房屋建设资金;社会资金参与是采取投资企业预付保证金的方式筹集建设资金。

在此基础上,明确政府财政补助的界线,细化建设投入分担机制。以新型社区规划红线为依据,红线以内的基础设施配套建设纳入土地综合整治成本,由集体资产管理公司投资实施;红线外的基础设施"大配套"建设由县财政以补助形式解决，从挂钩指标落地后的土地出让收益或集体建设用地初次流转收取的基础设施和公益设施配套费中实现平衡。社区公共服务建设投入由财政性资金补助解决，设施设备配置投入由县、镇、村分担的方式解决，同时引进社会资金建设农资和日用品营销点。强化政策支持，整合涉农资金打捆投放在示范区域，加大县级专项财政投入力度。例如，郫都区统筹农林、住建、水务、交通、环保、文旅等相关部门，积极向上争取林盘院落改造、基础设施建设、产业发展等方面相关政策和涉农资金，尽可能向"小组微生"建设区域倾斜，在符合要求的前提下打捆使用，形成推进合力。统筹实施"小组微生"综合体的交通路网、供水排水、能源电力、广播电视、光纤宽带、安全防范等基础设施建设。

"小组微生"新农村综合体建设在避免农民大规模集中"上楼"的情况下，探索了推进农村公共服务的有效途径。在新村建设中同步配套完善基础设施和公共服务设施，确保入住农民用上了自来水、天然气、光纤和宽带，标准化幼儿园、便民服务站、金融服务网点等一应俱全，享受到与城市居民同等的基础设施和公共服务，提升农民生活品质。各区（市、县）都在探索因地制宜的配套标准，有"1+26"配置标准、"1+8+N"公共服务和社会管理标准化设施配套标准、"1+23+N"公共服务标准等。

第三篇

城乡融合：新阶段成都市城乡关系的探索与经验

2019 年，成都市入选国家城乡融合发展试验区，承担为国家城乡融合发展战略探索更加有效的经验做法的任务。面对新的发展形势、任务和挑战，成都市必须迅速破题、找准改革切入点和关键点，立足本地实践，创新探索城乡融合发展的可行路径和有效做法，建立起一整套促进城乡融合发展的政策体系和运行机制，完成改革试验区历史使命，建成全国城乡融合发展先行市和示范区。

8 成都市城乡融合改革的实践探索

2019 年，成都市西部片区入选国家城乡融合发展试验区，承担起建立城乡有序流动的人口迁徙制度、建立农村集体经营性建设用地入市制度、完善农村产权抵押担保权能、搭建城乡产业协同发展平台、建立生态产品价值实现机制五项改革任务，继续为国家城乡融合发展战略探索更加有效的经验做法。面对新的发展形势、任务和挑战，成都市迅速破题，明确改革切入点和关键点，形成了一系列推进城乡融合发展的实践做法。

8.1 成都市城乡人口迁徙制度改革的历程与创新

改革开放以来，中国社会发生了巨大变迁，在人口流动与经济社会变革相互促进下，中国城乡人口关系发生了根本性的变化，总的趋势是从城乡二元分割向城乡一体化演变。在这一时代背景下，城乡人口迁徙制度呈现出阶段性特征。作为国家中心城市，成都市在推动城乡人口迁徙制度改革方面进行了富有成效的探索，积累了宝贵经验，为新时期促进城乡融合构筑了坚实基础。城乡融合发展试验区对城乡人口迁徙制度提出更高要求，也使这一区域的城乡人口迁徙面临更多现实制约。在试验任务推进的过程中，亟须找准成都市人口迁徙面临的主要问题，进一步深化城乡人口迁徙制度改革，创新实现基于城乡融合目标的现代城乡人口管理体制机制。

8.1.1 成都市城乡人口迁徙制度的演进历程

作为国家中心城市和超大城市，成都市率先开展了城乡人口迁徙制度改革探索，以打破城乡户籍壁垒为重点推进城乡人口双向自由流动。经过近 20 年的实践创新，成都市已经形成了一些较为成熟的经验做法，为完善以城乡融合发展为目标的城乡人口迁徙制度奠定了坚实基础。

成都市城乡人口迁徙制度变迁以户籍制度改革为主线，按照"打破城乡户籍二元结构、建立统一的户籍登记制度"和"转变称谓、放宽政策、剥离待遇"的改革思路，推进全市户籍制度改革。

2003年，成都市出台《关于调整现行户口政策意见的通知》，取消了入户指标限制，以条件准入制代替"入城指标"。2008年，成都市出台《成都市公安局关于推行一元化户籍管理制度的实施意见》，打破城乡二元户籍登记制度，对全市户籍人口逐渐取消"农业户口"和"非农业户口"性质划分，统一登记为"居民户口"①。2006年，中共成都市委、成都市人民政府发布《关于深化户籍制度改革深入推进城乡一体化的意见（试行）》，进一步放开本市农民到城镇入户的限制，允许农民实际居住地办理常住户口。

以2007年被批准为全国统筹城乡综合配套改革试验区为标志，成都市在加快人口迁徙制度改革方面取得了更多突破。2010年，成都市出台《关于全域成都城乡统一户籍实现居民自由迁徙的意见》，提出要实行户籍登记地与实际居住地相一致的新体制，建立以身份证为标识，集居住、婚育、就业、纳税、信用、社会保险等信息于一体的公民信息管理系统。2017年，成都市连续出台《成都市关于推进户籍制度改革的实施意见》《成都市居住证积分入户管理办法（试行）》《成都市户籍迁入登记管理办法（试行）》，实施"条件入户"和"积分入户"双轨机制，并出台了相应的管理办法和措施②。2018年，成都市制定《成都市实施乡村振兴战略推进城乡融合发展行动计划》，再次强调要全面落实居住证制度，健全农业转移人口农村产权持股进城机制，允许农民带着承包地、宅基地等财产进城落户。

以户籍制度改革为主线，成都市在教育、社保等关键领域出台相应的配套改革方案。如《成都市居住证持有人及本市户籍跨行政区域居住务工人员随迁子女就读中小学校实施办法》及相关实施细则，为流动人员子女教育提供了更好的服务；《成都市城乡居民养老保险试行办法》《成都市城乡养老保险关系转移接续暂行办法》，修订了参保人从城乡居民养老保险转入城镇职工养老保险的规定，完善了本市城乡养老保险制度，维护了参保人员养老保险权益。

---

① 针对原农业户口人员（18周岁以上从事农业生产的人员），根据村、组提供名册，派出所调查核实后，在《居民户口簿》和《常住人口登记表》职业栏加盖"农业劳动者"印章，并录入人口信息库。

② 2017年，成都市人民政府办公厅印发《成都市居住证积分入户管理办法（试行）》，提出了居住证积分入户的12项指标；2017年，《成都市户籍迁入登记管理办法（试行）》出台，提出成都市人才入户的4项政策，建立条件和积分双轨并行人才落户体系。

成都市人口迁徙制度改革相关政策见表 8-1。

表 8-1　成都市人口迁徙制度改革相关政策

年份	政策名称	关键措施
2003 年	《关于调整现行户口政策意见的通知》	取消了入户指标限制，以条件准入制代替入城指标
2004 年	《成都市公安局关于推行一元化户籍管理制度的实施意见》	取消农业和非农业户口性质的划分，统一登记为"居民户口"
2006 年	《关于深化户籍制度改革深入推进城乡一体化的意见（试行）》	放开本市农民到城镇入户，可在实际居住地办理常住户口
2007 年	《关于流动人口服务和管理工作的指导意见》	强调暂住申报登记，把流动人口纳入人口管理
2010 年	《关于全域成都城乡统一户籍实现居民自由迁徙的意见》	提出要实现全域成都城乡统一户籍
2010 年	《成都市居住证管理实施办法》	明确居住证管理制度
2017 年	《成都市关于推进户籍制度改革的实施意见》	实施"条件入户"和"积分入户"双轨机制
2017 年	《成都市居住证积分入户管理办法（试行）》	针对非本市户籍人员。提出了居住证积分入户的 12 项指标
2017 年	《成都市户籍迁入登记管理办法（试行）》	针对非本市户籍人员，提出成都市人才入户的 4 项政策，建立条件和积分双轨并行人才落户体系
2018 年	《成都市实施乡村振兴战略推进城乡融合发展行动计划》	全面落实居住证制度，健全农业转移人口农村产权持股进城机制

8.1.2　城乡融合发展背景下成都市人口迁徙制度创新

城乡融合发展是将城市和乡村放在同等地位，改变过去以城市发展为主、外延扩张的城镇化战略，逐步走向城市和乡村共同发展、融合发展的策略。在城乡融合发展过程中，成都市不断探索服务城乡人口迁徙的方式和模式，把人口迁徙制度改革与促进城乡融合发展其他方面的改革相结合，形成体制机制的联动效应，加强了制度耦合性。

8.1.2.1　城乡人口迁徙制度与乡村人才引进机制改革耦合

实施乡村振兴战略以来，成都市以乡村振兴对人才的需求为导向，通过一系列返乡创业就业优惠政策激励人才入乡。

依托乡村振兴战略，构建乡村人才集聚机制。彭州市实施"金彭人才计划",大力引进乡村振兴战略急需、紧缺的文创、旅游、策划等高层次人才,选拔优秀农村实用人才,纳入"优秀农村实用人才培养计划";探索"人才+项目+资本"协同引才模式,引进高层次人才带项目带资本创新创业。崇州市以乡村振兴人才培育为载体,落实人才新政20条,推进规划、设计、文创、经管、营销等专业技术人才"引育用留",支持其进村落户;采取"人才+项目+基金+基地""合作社+平台公司+创新团队+农户"利益联结方式,联合同济大学、中国国际青年设计师协会等6所高校、3家行业协会,60多名省级知名设计师,组建公园城市乡村表达泛设计联盟。郫都区针对农村发展型人才紧缺的现实,把引入城市人才与发展新业态结合起来,推进村落的"共享田园"建设,引入"新村民"、培育"新农人",盘活农村闲置资源。

深化人才返乡入乡创业激励机制。都江堰市运用"蓉漂"计划吸引优秀人才,鼓励普通高校、职业院校原籍毕业生、外出务工及经商人员等各类人才返乡就业创业、到村任职,鼓励高校毕业生参与服务基层项目,完善乡村规划师工作制度,积极引导规划、建设、文创等设计人员返乡就业创业,探索建立优秀农民工回引激励机制。邛崃市优化"崃创中心"服务功能,支持邛崃籍人才返乡创业。崇州市鼓励普通高校和高等职业院校毕业生、外出农民工及经商人员回乡兴业,允许符合条件返乡人员落户乡村。都江堰市和郫都区创新实施"社区合伙人"制度,鼓励村集体经济组织以"合伙人"方式引进人才(团队),探索"新村民"引进激励和管理机制。大邑县通过"房东+股东+分红"等共建共享机制,留住乡村发展人才,激发城乡人才流动活力。

建立城乡专业人才定期交流服务机制。都江堰市建立城乡人才合作交流机制,试行事业单位"双向流动""县管校(院)聘"等灵活用人管理制度,推动城市科教文卫体等领域人才定期到农村支援服务。崇州市探索推行"岗编分离",推动城市教科文卫体建立城市人才入乡激励机制。

在乡村人才引进政策和乡村发展前景的双重激励下,人口迁徙由原来的由乡进城单向流动发展为由乡进城与由城入乡并行。大量乡村振兴亟须的各类人才返乡入乡就业创业,极大地提升了乡村的人力资本,优化了乡村的人才结构。

8.1.2.2 城乡人口迁徙制度与农村土地制度改革耦合

随着成都市城乡人口迁徙从暂时迁移向长期迁移转变,农业转移人口与土地的关系正在发生深刻的变化,城乡人口流动对农村土地提出了新的现实需求,这为推动城乡人口迁徙与城乡土地利用的耦合创造了条件。

维护离乡进城"新市民"的土地权益。原来普遍存在的半工半耕家庭经济模式正在被稳定的非农就业所取代，农业转移人口向城镇常住人口转变。农村承包地的生计功能和农村宅基地的居住功能减弱，甚至消失，更多地体现为村集体成员的财产权。对"新市民"来说，需要更加稳定且灵活的土地财产权利实现形式，他们不仅要求享有与城市居民平等的公民权利与财产权利，并且需要保障乡村原有的合法权益，即提高地权安全性、完整性、稳定性。这也是进一步深化农村产权制度改革的一个出发点。

回应"新村民"对承包地经营权和宅基地使用权的现实诉求。在乡村振兴战略的大背景下，激活农村土地资源是关键，以承包地流转和宅基地盘活为代表的农村土地利用成为重要内容。土地资源的激活又与人才下乡、市民下乡相互促进。为实现"人—地"关系协同发展，在城乡融合发展中，成都各改革试验区都在积极探索改革路径，比如温江区以合资、合作、投资入股等方式，以共享宅基地资格权、农村集体土地承包经营权、农村集体资产股权、参与乡村治理等农村集体经济组织成员权利为核心引进一批"新村民"。

构建促进人口集聚的城镇建设用地配置机制。根据以城镇常住人口配置公共资源的新型城镇化发展思路，对城镇建设用地的配置也提出了新的需求。在城市土地配置方面，成都市探索基于常住人口的城市用地安排。如各改革试验区在城镇建设用地增加规模、预算内投资等安排上，优先向吸纳农业转移人口落户数量较多的乡镇（街道）倾斜。

8.1.2.3　城乡人口迁徙制度与公共品供给机制改革耦合

促进城乡公共资源均衡配置，让城乡居民享受均等的公共服务，是体现城乡居民权利平等、共享发展成果的重要标志。

基本公共服务由城市向农村延伸。城乡融合背景下，成都市各区（市、县）致力于将城市医疗、教育、卫生、文化等公共服务向农村延伸，城乡一体的基本公共服务体系初步形成。以推进城乡公共资源均衡配置为出发点，城乡统一的社会保险制度和社会救助体系也逐步健全，城乡教育资源配置从均衡发展到优质均衡发展，乡村医疗卫生和公共文化服务体系等建设进一步加强。以农村义务教育为例，为破解农村教育发展日渐"空心化"、师资力量"薄弱化"等难题，大邑县推出"美丽而有温度的乡村教育"这一区域教育品牌，通过建立县域内人力资源共享机制，结合支教、交流，以"共享教师"的形式，解决农村学校特别是农村小微学校艺体学科专业教师不足和各学科引领型名师缺乏的问题；针对农村小微学校学生少、小班化等实际情况，推行"全科教师"制，解决农村小微学校教师结构性短缺的问题。这些改革举措，有效地提升了农村学校办学品质，推动了城乡义务教育的一体化发展。

探索基本公共服务清单管理和动态调整制度。为推动实现基本公共服务资源按常住人口规模配置，成都市把推进公共服务均等化与流动人口管理相结合，进一步优化了公共资源分布，增强了公共服务的瞄准性和精准性。这既提高基本公共服务供给的效率，又最大限度满足迁徙人口对公共服务的需要。以社会关注较多的随迁子女义务教育为例，成都市基本实现了农民工随迁子女在流入地接受义务教育，将随迁子女教育经费归入财政保障体系。据统计，2017年有 36.8 万农民工随迁子女在成都市接受义务教育，占成都市义务阶段学生的 28.3%。在调研的部分区（市、县），根据常住人口的体量和随迁子女的数量，均有相应比例的随迁子女入学。以小学阶段为例，在成都市就读的学生中，大约 15.75% 的学生属于随迁子女（见表 8-2）。

表 8-2　部分改革试验区随迁子女入学情况（缺崇州市、郫都区）（2020 年）

	小学阶段学生数/人	随迁子女入学人数/人	随迁子女占比/%	常住人口/万人
大邑县[a]	24 841	5 930	23.87	51.49
邛崃市[a]	29 095	3 099	10.65	—
温江区[a]	11 938	1 410	11.81	54.46
都江堰市[b]	3 474	701	20.18	70.28
彭州市[b]	6 197	954	15.39	78.11
蒲江县[b]	2 016	120	5.95	26.13
总计	77 561	12 214	15.75	—

注：a 表示小学阶段在校生总数；b 表示小学新生入学数；"—"表示数据缺失。

8.1.2.4　城乡人口迁徙制度与乡村社区治理机制完善耦合

城乡融合发展进程中，人口迁徙形成的人口集聚趋势更加明显，这对人口流出地和人口流入地的社会治理都形成巨大的挑战。成都市早在城乡统筹改革初期，就探索创新村级社区治理机制，推行村级事务民主决策、一事一议等制度。

引入社区治理人才，参与乡村社区治理。随着乡村人口集聚程度不断提高，社会结构更加复杂，亟须引入社区治理人才，提升乡村社区治理能力和水平。崇州市创新社会治理实现路径，充分调动社会各界参与社区发展治理热情，引进培育一批优秀社区工作者、农民工、社会组织带头人、社区规划师、新乡贤、新村民等高素质人才，推动乡村治理。同时，崇州市推动"能人治村"，选拔回乡大学生、农民工、返乡创业人员等优秀人才担任村党组织书记。

探索形成多方共建的乡村治理模式。在人口流入较多的乡村社区中，需要顾及外来人口参与村级事务的需求。各改革试验区都在探索多种形式的乡村治理模式，以适应新型乡村社区人口构成的多样性。崇州市开展培育新乡贤、引领新治理、促进新发展行动，挖掘培育100多名乡村贤达志士，引领社区居民积极参与治理。探索形成"凡朴生活+国际义工+农户""凡朴社区营造中心+社会组织+农户"共建、共创、共享的社区治理机制，构建绿色、生态、循环、共享、共融的"凡朴生活圈"。

专栏 2：我国城乡关系与人口迁徙的阶段性特征

回顾新中国成立以来的70余年发展历史，我国的城乡关系走过了城乡二元分割阶段、以城市为重点的城乡关系调整阶段、城乡统筹阶段，目前正向城乡融合发展的新阶段演变。在这一过程中，我国城乡人口的迁徙权和居住权逐步走向开放，尤其是农村居民的迁徙权和居住权呈现出从权力限制向权力开放转变的总体趋势。

（1）城乡分割阶段。

新中国成立之初，为了快速实现由落后的农业国向发达的工业国的转变，我国选择了重工业优先发展战略。为了保证迅速工业化的原始积累，我国通过农村人民公社制度、农产品统购统销制度、城乡二元户籍制度，以及城乡差别的社会福利制度，把城乡隔绝起来，通过工农业产品价格剪刀差，不断地汲取农业剩余，从而形成城乡分治分割的二元格局。

为了保障城乡二元经济体制的运行，政府在社会领域也建立起城乡二元体制，以行政管控的方式对城乡人口流动进行严格限制。在重工业劳动力吸纳能力弱和城市居民就业问题双重因素推动下，我国开始通过户口管理干预农民进城，如相关政策表述"劝止进城""动员返乡""限制招工"等。1958年，《中华人民共和国户口登记条例》正式建立起城乡二元户籍制度，通过设置农业户口和非农业户口，城乡人口流动被纳入国家计划严格控制，仅少量的以政策性流动为主，如征兵、招工招干、高考等。

（2）以乡促城阶段。

改革开放之后，随着经济体制改革、乡镇企业发展、分税制改革等，我国城乡关系的二元结构开始松动，通过向农民赋权和推动市场化改革的方式，城乡关系的扭曲不断得到纠正。在此背景下，城乡户籍管理制度也随之发生变化，城乡人口进入由农村向城市单向流动阶段。

农村联产承包责任制的推行以及农村劳动力城镇就业权和居住权的获得，推动了大规模人口由农村流向城镇，我国城镇化水平开始持续提高。然而，在整个过程中以城市为重心的发展路径并没有根本转变。无论是国家的投资重点，公共基础设施的布局，还是社会保障和福利制度的投入，城镇获得的资源远远超过乡村，城乡发展差距逐步扩大。更重要的是，这一时期农村的人口和资本等可以向城市流动，但城市资本下乡是被限制的，存在着城乡要素自由流动和自由交换的机制障碍。20世纪90年代的"民工潮"既是户籍制度松动的体现，也是户籍制度改革不彻底的社会映射。

（3）城乡统筹阶段。

以城市为中心的发展模式使我国出现了严重的城乡二元结构问题，成为国民经济持续健康发展的重要阻碍。2003年召开的十六届三中全会首次提出"城乡统筹"战略，力图调整乃至扭转城乡发展极不平衡的局面。改革的重点从打破城乡经济二元体制逐步扩大到社会领域，并将政府财政投入成为调整城乡关系的重要手段。随着农业税的取消和新农村建设战略的提出，国家开始增加对农村的投入，我国也进入以工补农、以城带乡的城乡统筹发展阶段。

城乡统筹战略的提出和实施，对城乡关系的调整发挥了重要的作用。然而，由于城乡互补、城乡互通的体制机制并没有根本突破，农村的土地制度改革滞后，城市资本、技术和人才下乡带动农村发展的机制没有建立起来，城乡人口流动的方向仍然是由农村到城镇，与新发展阶段相适应的城乡人口迁徙制度仍待突破：一方面，户籍与保障、就业、教育、土地及居住等相互嵌套、相互影响，户籍制度改革仍是最为困难和复杂的环节；另一方面，进城农业转移人口市民化仍面临阻碍，农业转移人口无法真正脱离农村和农业，"半城市化"问题抑制了城镇化进程，也使农村产权制度改革和要素市场化改革推进迟缓。

专栏3：成都市城乡人口迁徙制度改革的实践案例

自列为全国城乡融合改革试验区以来，成都市在前期统筹城乡改革的基础上，就人口迁徙体制机制创新进行了大量的探索，取得了阶段性成果。下面以几个案例的形式来呈现有代表性的做法。

（1）创新实施"社区合伙人"模式。

近年来，郫都区坚持以党建引领、共建共享为总揽，创新实施"社区合伙人"模式，出台《"社区合伙人"参与社区发展治理机制的指导意见》，全域开启"社区合伙人"计划，多形式、多领域为居民提供精准服务，培育了一批社区商企合伙人、社群合伙人和个体合伙人。截至 2020 年年底，郫都区已聚集各类"社区合伙人"800 余个，筹集社区公益基金 1 200 余万元。

创新"商企合伙人"模式，盘活社区闲置空间资源。一是空间换资源，引导商家以契约形式租用、盘活社区闲置空间资源，开展附加公益、低偿收费等商业运营活动，共同打造新消费场景，比如郫筒街道书院社区的社区合伙人"沐言咖啡""明德慈佑"等。二是空间共使用，如京东方将职工篮球场、舞蹈室等文体设施与社区共享，鑫苑城将售楼部会议中心提供给社区使用等。

创新"社群合伙人"模式，盘活社区群团组织资源。郫都区发挥 19 所驻区高校和驻区企事业单位优势，协同构建社区居民公共生活服务体系，比如蜀都新郫社区与成都工业学院合作；发挥社群力量，引导各类社团社群充分发挥作用，如伏龙社区志愿服务队、岷阳社区的阿姨文艺团，菠萝社区的朝阳之星舞蹈队等。

创新"个体合伙人"模式，盘活社区优秀个体资源。郫都区发挥乡贤力量，找出社区中各领域的优秀人才，通过定期开展多层次、高质量的活动，带动居民共同规划并参与社区建设，比如石羊村开设"乡贤课堂"；整合社区匠人，通过共同打造公共空间，比如奎星楼社区策划"便民十八匠"，引导辖区内 20 余名传统匠人走进小区（院落）提供理发、擦鞋、磨刀等便民服务，累计服务 3 000 余人次；调动居民志愿者积极性，引导居民志愿者成为社区合伙人。比如双柏社区居民立夏，通过立夏 FM 电台，总志愿服务时长超过 600 小时，服务覆盖近万人。

（2）美丽而有温度的乡村教育。

为促进义务教育优质均衡发展，推动农村学校建设，大邑县在总结前期试点经验的基础上，推出"美丽而有温度的乡村教育"这一区域教育品牌，从育人理念、育人环境、育人方式、育人质量等方面入手，以环境改造、资源开发、课程建设、文化培育、评价改革为重点，以建设乡韵浓郁、乡愁绵长的"校美人和"的乡村学校为目标，全域推进乡村学校建设。

协助学校进行顶层设计。全县统一聘请第三方教育咨询机构对学校发展状况进行科学诊断与评估，为学校量身定制发展咨询报告；开展校长领导力培训，聘请专家对口指导学校科学编制中长期发展规划；统一聘请知名设计机构，与学校共同合作完成学校规划及重点建设项目的形象设计。

为农村学校提供专业服务。大邑县组织力量编制《大邑县美丽而有温度的乡村学校（幼儿园）建设标准》，从理念愿景、管理和谐、多彩课程、教师风范、教学艺术、品格学业、社会口碑、校园环境八个方面，对创建"美丽而有温度乡村学校（幼儿园）"提出了100条指导意见，通过具体的办学指导，提升学校办学水平。

多种举措破解师资队伍建设难题。大邑县落实农村教师津贴，兴建农村教师公寓，切实提高农村教师待遇；实施教师队伍建设"百千工程"，通过教师培训"雁行计划"、农村教师"跟岗实训""竞进拉练·校长听评课比赛"等一系列的素质能力提升培训；通过建立县域内人力资源共享机制，结合支教、交流，以"共享教师"的形式，解决农村学校特别是农村小微学校艺体学科专业教师不足和各学科引领型名师缺乏的问题；针对农村小微学校学生少、小班化等实际情况，推行"全科教师"制，解决农村小微学校教师结构性短缺的问题。

融合优质资源，解决一体化发展难题。大邑县精选了十所各具优势的优质学校与农村学校结成帮扶对子，采用"需求菜单"的形式，实施精准帮扶；以"教育集团""课改共研体"形式由城区优质学校与农村学校结成发展联盟，在学校发展、科研课改等方面开展深度合作；以跨区域合作的方式引进成都市区优质学校，以结对帮扶、挂牌领办、托管办学等形式助力我县农村学校发展。

（3）探索"共享田园"模式。

作为全国4个宅基地"三权分置"不动产登记试点地区之一，郫都区于2020年1月制定了《郫都区"共享田园"建设指导意见》，创新探索"共享田园"模式，着力构建"一园二新三转变四协调五共享"城乡融合发展新格局。

"共享田园"发展模式秉承土地、农房、资产、生态等生产生活要素互补、互动、共享的理念。其特色在于，以土地为纽带，将农村闲置资源与城市需求进行重新匹配，并通过确权颁证的方式固化新村民权益。在共享田园中，村民和集体拿出闲置的农耕地、宅基地、集体建设用地，与有"田园梦"的城市居民共享农耕和居住以及产业等，向城里人让渡使用权，可颁发基于使用权的房地一体的不动产权证，吸引城里人向乡村流动。此外，"共享田园"改革中，以农村承包地及宅基地的"三权分置"改革为基础，集成了农村集体产权、农房抵押、乡村治理、金融等相关领域改革政策。也就是说，新村民获得产权证后，可以按需抵押、申请贷款。截至2020年5月，郫都区招募"新农人"200多人，带动乡村旅游发展和农产品就地市场化，促进"城市消费"向"乡村消费"延伸。

8.2 成都市集体经营性建设用地入市改革的实践进展

城乡融合发展是新时代我国国民经济转型发展的重要内容，是建立以国内大循环为主体的新发展格局的关键支撑。城乡土地关系一直是城乡关系的基础性内容，以改革推进城乡土地关系的变迁也是构建城乡融合发展格局的核心任务之一。成都市是全国首批启动集体经营性建设用地入市改革的地区之一，成都市早在 20 世纪 90 年代就已经开始自主探索集体经营性建设用地盘活利用的可行方式，催生了蛟龙工业港、三圣花乡等在集体土地上发展壮大的二三次产业；2007 年，成都市获批国家级统筹城乡综合配套改革试验区，在全域范围内启动了集体建设用地整理与集中使用方式、整体推进城乡统一的建设用地市场体系建设等改革任务；2015 年，成都市郫县（今郫都区）被列入全国 33 个农村土地制度改革试点县，承担集体经营性建设用地入市改革试点任务；2017 年，成都市成为全国利用集体建设用地建设租赁住房试点；2019 年，成都市西部片区又被确定为国家城乡融合发展试验区，建立农村集体经营性建设用地入市制度也成为此次改革试验的重要内容之一。

8.2.1 集体经营性建设用地入市实践呈现出农村要素价值显化的客观趋势

承担集体经营性建设用地入市试验任务后，成都市在前期工作的基础上，根据改革要求进一步健全集体建设用地入市体制机制，各地入市实践已经取得较大突破，做法创新超越了现有制度设计，呈现出土地作为要素价值的显化趋势。目前，成都市形成了集体经营性建设用地入市的规范程序，并将集体经营性建设用地入市与宅基地自愿有偿腾退相结合，以村庄规划编制或调整的方式实现了入市范围、入市方式的突破，打破了"增量"与"存量""非经营性"与"经营性"间的界线，并形成"长租短约"等土地流转模式，与此同时，各地也均在积极实施集体经营性建设用地使用权抵押融资、土地使用权转让等工作。各地在集体建设用地入市和利用方式上体现了城市发展过程中对农村资源的配置需求，即以保障生存空间为基础的产业发展用地需求，基本符合超大城市城乡融合发展的客观要求，形成了集体经营性建设用地入市实践与地区城乡空间功能优化的协同发展态势。

各地实践的制度超前性往往面临既有法律政策限制，虽然部分地区以出台地方性政策方式对实践探索进行认可和指导，如在《邛崃市集体经营性建设用地开发利用实施办法（试行）》中，不仅明确了入市土地来源的多种方式，还制定了明确的土地性质转变申请程序和流程。但是地方性实践并没有获得上层制度层面的明确认可和规范指导，对政策风险的担忧在一定程度上抑制了基层推动集体经营性建设用地入市创新的积极性。

成都市集体经营性建设用地入市实践与制度安排比较见表8-3。

表8-3　成都市集体经营性建设用地入市实践与制度安排比较

实践突破	顶层制度安排
宅基地腾退后转变为经营性建设用地	《中华人民共和国土地管理法》第六十二条：国家允许进城落户的农村村民依法自愿有偿退出宅基地，鼓励农村集体经济组织及其成员盘活利用闲置宅基地和闲置住宅；第六十三条："土地利用总体规划、城乡规划确定为工业、商业等经营性用途，并经依法登记的集体经营性建设用地，土地所有权人可以通过出让、出租等方式交由单位或者个人使用；但《中华人民共和国土地管理法》未明确规定是否可以以调规方式转变为经营性建设用地
经营性建设用地空间调整入市	法律未明确规定
经营性建设用地使用权抵押融资	《中华人民共和国民法典》第三编第十七章第三百九十九条：宅基地、自留地、自留山等集体所有土地的使用权不得抵押
长租短约、作价入股	模糊规定，《中华人民共和国土地管理法》第六十三条：出让、出租等方式

8.2.2　集体建设用地市场呈加速发展趋势

从市场建设情况看，成都市总体呈现出集体经营性建设用地一级市场发展迅速、二级市场尚在孕育中的总体态势。随着《中华人民共和国土地管理法》的实施和试验区建设任务的推进，成都市集体经营性建设用地一级市场加速发展，从市场发育程度看，土地一级市场已经进入规范运行阶段，以成都市农村产权交易所为载体的交易平台不断完善、交易流程统一规范、交易规则公开透明，基本形成了以政府指导价格为参照、市场供求决定的土地价格形成机制。从市场运行效果看，各地集体经营性建设用地使用权首次出让交易持续增加，特别是承担城乡融合改革试验任务后，集体经营性建设用地使用权出让迅速增加。从一级市场供求关系来看，目前除温江区、郫都区等少数区位条件较好的村庄外，西部片区大多数村庄的集体经营性建设用地处于以需定供的阶段，入市往往需等待项目进入后根据项目需求编制或调整村庄规划，然后启动土地整理、农户腾退或置换程序，再以招拍挂的方式转变土地性质。总体而言，成都市集体建设用地一级市场交易量持续增加，但存在供求结构性问题，少数区位条件较好的村庄土地供不应求，多数村庄土地供过于求。为解决供需矛盾，各地都建立了国有平台公司对土地进行收储，但现阶段收储的土地往往都是条件较好的地块，供需矛盾仍未从根本上得到解决。

土地二级市场尚在孕育之中，集体经营性建设用地使用权的转让、转租、互换等交易较少。从二级市场发育情况看，各地尚未发生土地使用权转让、转租交易，土地使用权抵押融资业务发展不均衡，郫都区、崇州市、彭州市等有试点任务的地区抵押融资推进较快。根据政策规定，已经出让的土地必须由竞得人根据规划进行投资建设，如郫都区规定土地转租的条件为"实现土地租赁合同约定的投资开发、利用土地的条件，其中投资规模达到总投资的25%，开发建设面积超过三分之一"，而目前大多数建设用地出让项目正在建设之中，无法进入二级市场交易，但是部分流入土地使用权的经营者已经出现对土地使用权再次分割转让、入股等现实需求。

8.2.3 退出的闲置宅基地成为入市土地的主要来源

集体经营性建设用地入市的土地来源包括存量和增量两部分：存量部分主要为闲置的农村工矿企业用地，增量部分包括废弃学校等集体公益性建设用地和农民自愿退出的宅基地。从成都市入市交易的土地来源看，超过90%的土地来源于农户腾退的宅基地。实践中，各地均将宅基地自愿有偿退出改革与集体经营性建设用地改革联动推进，通过修改或重新制定乡村规划，将农民退出闲置宅基地规划为工业或商业用途，集体收回宅基地使用权，申请将土地性质转变为经营性建设用地，再以公开挂牌的方式入市交易。

成都市各地存量的集体经营性建设用地极为有限，而宅基地是集体建设用地中占比最高的土地类型，也是潜在价值最大的农村资源。在新型城镇化过程中，宅基地作为农民居住保障的功能不断弱化，如果无法通过管理制度改革释放其生产性功能和财产价值，就会出现土地低效利用问题。在此背景下，成都市将闲置的宅基地作为"增量"集体经营性建设用地入市具有逻辑合理性和现实必要性。

8.2.4 土地供后利用与乡村新产业发展紧密结合

集体经营性建设用地入市广义上包含土地指标交易和使用权直接入市两种方式，土地指标交易是将村庄整理中土地复垦所结余的建设用地指标通过挂牌交易，交易成功后在项目建设区获得相应建设用地指标；使用权直接入市也可以理解为狭义的集体经营性建设用地入市，是让渡集体建设用地使用权并就地开发利用的交易方式。新版《中华人民共和国土地管理法》出台之前，我国禁止集体建设用地直接入市，但是政策允许以增减挂钩项目方式实现集体建设用地的指标入市，本质上是以让渡土地开发权和村庄非农发展空间为条件换取一次性资金收入。因此，在政策允许集体经营性建设用地直接入市之前，指标交易是郫都区之外的各区（市、县）采用的建设用地入市方式。在乡村发展早期，土地指标交易是农村土地资源价值实现的重要方式，也为乡村发展提供了极为重要的资金积累。

进入城乡融合发展阶段，乡村发展需要以要素集聚实现产业转型升级。作为经济发展的关键性支撑要素，建设用地指标直接决定了村庄发展的空间维度，以指标交易让渡发展权的方式会影响乡村长期发展，因此大部分地区都逐渐减少指标交易，开始探索以土地直接入市撬动更多社会资源进入乡村，实现社会资本、人才、技术与农村资源相互结合的长期发展路径。如彭州市、大邑县、温江区、都江堰市等将集体经营性建设用地入市与乡村旅游产业发展紧密结合，通过土地使用权入市交易吸引社会资本投资乡村，建设了龙门山柒度假集群、稻香渔歌度假区、幸福田园、问花村等乡村旅游产业集聚区，实现乡村产业跃升。总体来看，集体建设用地入市后大多用于民宿、农家乐等乡村旅游服务业，但是调研中也发现，集体建设用地的多维度价值正在显现，如彭州市柒村利用集体土地修建专家工作室等以吸引人才下乡，将集体土地资源再配置，作为乡村集聚人才的重要契机；温江区岷江新村将生态资源价值转化与建设用地入市改革相结合，以土地价值带动乡村生态资源价值显化。

8.2.5　集体经济组织的主体性地位不断强化

在入市主体方面，成都市完成了集体产权制度前期改革，建立了较为规范的村（组）集体经济组织架构，集体经济组织作为土地所有权主体在土地入市中的权利行使能力显著增强。承担试验任务后，各地都将土地入市作为集体经济发展壮大的重要契机，除郫都区部分改革启动较早的村（组）成立了资产管理公司外，其余地区均将股份经济合作社或联合社作为集体经营性建设用地入市的实施主体。

对比来看，各地集体经济组织在实际运行中的作用不同，郫都区、温江区、崇州市、大邑县的集体经营性建设用地入市基本由集体经济组织作为实施主体，村集体在土地入市方面拥有较强的自主权和决策权，如郫都区战旗村、温江区岷江新村、崇州市五星村等基本由村集体经济组织全程实施土地入市项目；彭州市、邛崃市、都江堰市、蒲江县等地虽然也在政策上明确集体经济组织的主体地位，但是部分土地入市仍由村委会、村民小组代行主体权能，村集体在土地入市中的决策权在不断增强但相对偏弱，调研发现，部分点位的土地入市仍受到地方政府行政性强干预。

8.2.6 集体土地入市收益分配制度持续完善

在收益分配方面，各地均初步形成了兼顾国家、集体、农民利益的收益分配制度，以征收调节金（基础设施建设和公共事业配套费、耕地保护金为主）的方式实现国家与集体间的分配，剩余增值部分在集体经济组织内部分配，集体提取公积金、公益金后以货币分红形式与农户进行分配。在制度成果方面，郫都区出台了《集体经营建设用地收益分配指导意见》《郫县农村集体经营性建设用地入市增值收益调节金征收管理办法》，彭州市、青白江区等地也出台了相关费用收取的指导意见、实施办法等。在收益调节金的征收上，郫都区提出了按照土地入市方式和用途确定调节金征收比例的分配方案，彭州市、青白江区等其余7地均按照土地交易价格收取比例不等的调节金。在集体与农民收益分配方面，郫都区明确要求必须将80%以上收益作为集体发展资金和公共服务资金，其他地区均提出由集体组织成员民主讨论决议，未对集体内部收益分配做出明确要求。笔者所调研的各村除支付腾退农户货币补偿外，土地增值收入多以公积金、公益金等方式用于集体积累，如崇州市五星村等；部分村庄将分配给农户的部分用于集中改善基础设施，如彭州市柒村、都江堰市大通社区等。

专栏4：集体经营性建设用地入市改革的历史脉络分析

20世纪80年代至今，中央对集体经营性建设用地入市管理经历了从严格禁止入市交易、探索可行方式到构建入市机制三个阶段。

（1）严格禁止入市：1982—1998年。

1982年，新修订的《中华人民共和国宪法》确立了农村集体土地所有制，确立了包括集体土地在内的土地禁止交易的制度，如第十条规定："农村和城市郊区的土地，除由法律规定属于国家所有的以外，属于集体所有；宅基地和自留地、自留山，也属于集体所有。""任何组织或者个人不得侵占、买卖、出租或者以其他形式非法转让土地。"1986年，《中华人民共和国土地管理法》再次重申了《中华人民共和国宪法》的相关要求，但在第三十六条规定了一种特殊情形，即全民所有制企业、城市集体所有制企业同农业集体经济组织共同投资举办的联营企业，需要使用集体所有的土地的，可按照国家建设征用土地的规定实行征用，也可由农业集体经济组织按照协议将土地的使用权作为联营条件，这也构成了务工集体经营性建设用地突破本集体使用范围流转的唯一可行条件。1998 年，我国对《中华人民共和国土地管理法》进行修订，明确了集体土地使用权不得流转用于非农业建设，仅保留了"农业集体经济组织按照协议将土地的使用权作为联营条件"的特殊情形。

（2）探索入市路径：1999—2012 年。

在城市化进程中，为满足城市和非农产业发展对建设用地指标的迫切需求，中央和地方开始积极推动集体建设用地利用的试点探索和法规完善，土地增减挂钩成为一个重要突破迅速在浙江省等经济发达地区推进。1999 年，浙江省国土资源厅在《关于土地开发整理工作有关问题的通知》中明确了增加挂钩做法的合规性，实际上允许了各地通过整理农村的集体建设用地和宅基地的方式突破中央的建设用地指标控制。2004 年，国务院颁行《关于深化改革严格土地管理的决定》，提出"鼓励农村建设用地整理，城镇建设用地增加要与农村集体建设用地减少相挂钩"，地方政府将建设用地指标获得的重点由耕地转向农村集体建设用地。2005 年，国土资源部出台了《关于印发<关于规范城镇建设用地增加与农村建设用地减少相挂钩试点工作的意见>的通知》，在天津、江苏、山东、湖北和四川 5 省市开展增减挂钩试点，2008 年启动第二批 12 个省市试点。2007 年，重庆和成都为全国统筹城乡综合配套改革试验区，其中一项重要内容是土地制度改革试验，从 2008 年开始，成都市探索农村集体建设用地使用权的有偿流转，并成立农村产权交易所以规范土地流转相关交易；重庆市出台了相关办法，创新性探索了建设用地增减挂钩指标交易的新模式；2012 年，国家又选择在北京和上海部署开展了利用集体建设用地建设租赁住房试点。

（3）规范入市机制：2013 至今。

2013 年，党的十八届三中全会对土地制度改革做出总体部署，取消了"土地利用规划确定的城镇建设用地范围外"这一限制条件，强调了"符合规划和用途管制"，并提出建立城乡统一的建设用地市场目标；2014 年 1 月，中共中央国务院印发《关于全面深化农村改革加快推进农业现代化的若干意见》，提出从"农村土地承包""农村集体经营性建设用地入市""宅基地管理""征地补偿"等领域深化农村土地制度改革；2015 年，党中央部署开展包括集体经营性建设用地入市在内的农村土地制度改革三项试点，对集体经营性建设用地入市中涉及的入市条件、用途管制、相关程序、收益分配等问题进行了系统深入的探讨。与以往的改革试点不同，此次试点经过全国人大授权，具有法律效应；2017年，国家拓展了利用集体建设用地建设租赁住房的试点范围，在全国选择北京市、成都市等13个城市开展试点，并规定集体经济组织可以通过自营、联营、入股等方式建设运营集体租赁住房。

在总结试点经验的基础上，2019年8月16日，全国人大常委会对《中华人民共和国土地管理法》进行了修订，修改了原《中华人民共和国土地管理法》中农村集体土地不能直接入市的规定，明确农村集体经营性建设用地可以直接进入市场交易，集体建设用地入市获得法律层面的明确认可，也使实践探索具备了法律依据，集体经营性建设用地入市进入了全新阶段。我国集体建设用地入市改革历程见图8-1。

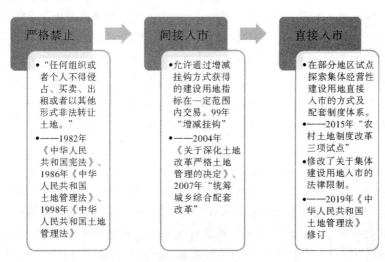

严格禁止 → 间接入市 → 直接入市

- "任何组织或者个人不得侵占、买卖、出租或者以其他形式非法转让土地。"
- ——1982年《中华人民共和国宪法》、1986年《中华人民共和国土地管理法》、1998年《中华人民共和国土地管理法》

- 允许通过增减挂钩方式获得的建设用地指标在一定范围内交易。99年"增减挂钩"
- ——2004年《关于深化土地改革严格土地管理的决定》、2007年"统筹城乡综合配套改革"

- 在部分地区试点探索集体经营性建设用地直接入市的方式及配套制度体系。
- ——2015年"农村土地制度改革三项试点"
- 修改了关于集体建设用地入市的法律限制。
- ——2019年《中华人民共和国土地管理法》修订

图8-1　我国集体建设用地入市改革历程

从政策脉络来看，中央对于集体建设用地管理经历了由放松到收紧再到放松的过程，但是政策始终对集体经营性建设用地的性质、入市的范围有意或无意地模糊，比如关于集体经营性建设用地中关于土地用途的界定，用工业、商业等模糊界定，关于存量与增量土地之间的关系也未给予明确。这种模糊反映了中央对建设用地严格管理、审慎探索的一贯原则，也给地方实践创新留下了空间。地方应该以改革试验为契机，探索出与现代城乡关系发展规律相适应、满足城市建设与乡村振兴两个目标的建设用地管理、使用模式。

专栏5：郫都区战旗村集体经营性建设用地入市案例

在推动土地入市交易过程中，郫都区战旗村探索了一条切合自身实际的

"就地入市"创新路径，主要做法为：

清产核资、摸清家底。试点开始以后，在区改革领导小组指导下，由专业技术人员、基层村委和村民代表组成清产核资工作小组，对村域内集体所有的资源性资产、经营性资产和公益性资产等各类资产进行全面清理核实公布，按照农村集体经营性建设用地的概念，筛选出符合入市条件的建设用地，并综合多方因素考虑，选定适合入市的首个宗地样本。

确股确权、构建主体。按照"生不增死不减"的原则，以2011年4月20日为准，战旗村共锁定确权人口1 704人为集体经济组织成员，并将村集体资产均分持股。之后，村"两委"成员和村民小组长分别入户到全村529户的村民家中征求意见，决议通过股权出资的方式，建立村集体资产管理公司，将其作为集体建设用地入市经营的主体，并按照现代企业管理模式完成公司制度体系建设。最终，决议经全村三分之二户以上的代表签字同意并生效，据此，战旗村正式成立了"郫县唐昌镇战旗资产管理有限公司"。

建章立制、落实监督。根据村民自治章程和公司法的相关规定，战旗村制定了郫县唐昌镇战旗资产管理有限公司章程和相关的资产管理营运制度，设计了严格的财务管理制度，确保资产管理公司更加规范有效运营，进一步落实监督责任。

公开交易、共享收益。按照民主公开的原则，在完成土地入市估价、入市方案审查、公开招拍挂和现场竞价之后，四川迈高旅游资源开发有限公司竞得战旗村的土地，缴纳出让价款705.967 5万元，并按照15%的标准同时缴纳土地增值收益调节金105.89万元。战旗村在取得土地价款收益之后，以前期农村土地股份经济合作社的运营办法为参考，把交易的净收益按照40%为公积金、30%为公益金、10%为风险金、20%货币分红进行分配。其中，30%的公益金用于为股东购买新农合医疗保险、养老保险以及老人补助，20%的货币分红直接分给各股东，每人520元现金。村集体资产管理公司将扣除农户货币分配部分除外的资金统一运营，确保集体经济持续运行。

融合规划，持续发展。在首宗土地成功入市交易之后，战旗村按照统筹规划、高位设计、融合发展的理念，继续完善相关工作机制，围绕景区配套建设和产业多元化发展的目标，预期依托现有的旅游资源，尽快建成集购物、餐饮、娱乐、酒店和文化创意等方面的特色商业区，并探索包括作价入股等途径，实现资源增值、村民增收、产业增效和村庄增美。

8.3 成都市农村产权抵押担保权能实现的创新做法 及成效

成都市以农村土地制度改革为主线，着力推动农村金融改革创新，落实农村产权权能，通过平台搭建、产品创新、政策支撑、服务体系完善等，逐步形成了颁证赋权、规范交易、产权评估、抵押融资、风险防控"五位一体"的农村产权抵押担保模式，有效破解城乡融合发展中农户和新型农业经营主体发展"贷款难、担保难、融资难"的问题，开辟了农村融资新渠道，并同步激发城乡产业、人口、要素等重新配置，实现了传统要素和现代要素向农业农村集聚，推进了城乡地域空间、产业空间、人才空间的融合发展。

成都市农村产权抵押担保权能实现的创新在于以农村产权制度改革为基础，重点瞄准产权交易和价值实现，通过一系列制度安排、平台建设适时启动了一条产权改革与成果运用同步推进的改革新模式，打造出农村金融改革"升级版"，实现产权改革和金融改革的统筹推进，深层次破解农村金融供需矛盾，进而推动城乡要素自由流动和现代农业发展，实现城乡系统功能双向提升互补的积极反馈。

8.3.1 创新做法

成都市围绕城乡融合发展的金融支撑，以农村产权金融改革创新为主线，在产权确权、入市交易、平台搭建、产品创新等方面进行了一系列创新和突破，探索出一条农村产权金融化改革新途径，把农村资源资产转化为市场资本和金融产品，使农村产权转变为上市交易的资本、资本运作的工具、融通资金的渠道，为全国其他地区的农村产权抵押担保权能推动提供了样本。

8.3.1.1 以产权交易所为载体提升产权金融改革实效

成都市在以还权赋能为核心的农村产权制度改革基础上，率先在全国搭建农村产权流转综合服务平台，逐步完善形成了区（市、县）、镇（街道）、村（社区）四级流转交易服务体系，在坚持市场化取向基础上，用好用活农村产权改革成果，逐步实现农村资源与市场的对接，为金融介入农村产权制度改革提供了基础条件，打通了资本流向农业农村的关键通道，助力农村产权完成"资源资产化、资产资本化、资本产权化、产权金融化"的最终转化。当前成都市农村产权交易信息系统已覆盖各区（市、县），自由畅通的农村产权流通市场已经形成。

8.3.1.2 以"农贷通"平台为支撑提升产权金融资源集成

农村金融基础设施发展滞后、抵押担保体系不完善是农村金融体系发展远远落后于城市的一个主要原因,成都市在推动农村金融服务综合改革过程中,创新改进财政投入方式,建立起政府引导、市场运作的"农贷通"融资综合服务平台,把涉及各类农村产权抵押担保、交易、保险、政策补贴等相关部门职能整合到一个平台,把农村产权抵押担保组织协调、价值评估、融资放款放到一个平台受理,同时,联合村金融服务站,健全完善区(市、县)"农贷通"平台体系建设,将农村各类产权抵押融资的信息收集、政策优惠等全部整合进入"农贷通"平台,实现各区域"农贷通"信息互联互通。成都市还强化与农村产权交易所的联系,实现农村产权流转、抵押担保等信息并网发布。目前,"农贷通"作为集金融供需双方信息为一体的市场化平台,已累计采集入库专业大户、家庭农场、合作社、涉农企业等41万余户新型农业经营主体信息,汇集75家金融机构的700多种金融产品,助推金融供需双方实现精准对接,产权融资贷款效率提高近50%,获贷效率提升近4倍,融资成本下降约30%。通过"农贷通"平台搭建各主体要素有效融合支撑载体,广泛吸引了各类社会主体进入农村,促进了农村资源和社会资本的有效融合与互动,为农村产权抵押融资权能实现创造了更有延伸价值的场景。

8.3.1.3 以多元担保联动为重点提升产权融资能力

农村产权抵押融资风险高、风险难以把控是金融机构进入农村市场的最大障碍,成都市针对这一难点,为适应城乡融合创新发展的实际需求,持续深化政府性融资担保为核心的涉农产权担保服务体系建设,以成都市农村产权担保公司为龙头,建立起多层次、广覆盖的"市农担-县农担"政策性产权担保组织架构。并在实践探索中逐步形成了权责清晰的"政银担保"协同模式,利用农村产权融资风险资金池,形成政银"二八风险"分担机制,并同步引入涉农贷款保险赔付机制,探索开展"农村产权+贷款保证保险"模式,由政府性融资担保公司与保险机构、银行按比例合理分担风险。目前成都市已设立规模超过6亿元的"农贷通"风险补偿资金,专项用于农村产权直接抵(质)押融资、"惠农贷"和保险公司信用保证保险的风险分担。

8.3.1.4 以抵押担保产品创新为导向提升产权融资客体渠道

自成都市开始实践探索农村产权抵押担保以来,各地因地制宜打造"一权一品"抵押贷款产品,农村产权抵押担保产品贷款由农村土地承包经营权拓展到林权、农业生产设施所有权、农村养殖水面经营权、集体建设用地使用权、农村房屋所有权等多种产品。温江区依托地区产业发展实际融资需求,探索出花木类等"农村在地资产仓单质押"、农村土地收益保证贷款等。依托政府性融资担保机构、第三方担保公司、保险公司等,成都市推出"信贷+担保""信贷+保险"等业务模式,专门为农村各类农村产权和涉农企业抵押融资业务提供信用担保。借力全国社会信用体系示范城市建设,成都市创新推出"产权抵押+信用镇(村、户)担保+担保公司担保"联保模式,满足新型农业经营主体的各项资金需求。

8.3.1.5 以政策体系完善为基础提升产权融资制度支撑

为保障农村产权抵押担保融资的顺利推进,成都市围绕确权颁证、促进流转、平台建设、风险管控等多个环节,形成了比较完整的政策体系。陆续出台了集体建设用地使用权、农村土地承包经营权、农村房屋使用权等抵押融资管理办法,相关业务部门分别制定了农村产权流转、评估和抵押登记等配套政策,为农村产权抵押融资提供政策支持。成都市配套完善相关工作机制,分类建立各类农村产权价值评估细则,建立农村产权抵押融资风险基金,进一步明确农村产权抵押担保和贷款损失的认定,抵押资产的收购、评估和处置等具体信贷审批流程。同时,成都市完善农村产权抵押融资风险分担机制,通过农村产权抵押担保风险基金、扩大政策性农村保险范围等降低农村信贷风险,提高金融机构参与积极性。当前,成都市通过整合区(市、县)支农扶持资金,建立"农贷通"风险补偿池,专门用于农村产权直接抵(质)押融资、"农贷通"惠农贷和保险公司信用保证保险的风险补偿,并出台"农贷通"产业支持目录、贷款风险补偿资金管理办法等配套政策,基本搭建了一套推进农村产权抵押融资的完整制度框架。此外,成都市还积极推进征地制度、户籍、社会保障等一系列配套改革,为农村产权抵押融资和生产要素自有流动创造条件。成都市农村产权抵押融资配套政策建设情况见表8-4。

表8-4 成都市农村产权抵押融资配套政策建设情况

配套政策	具体措施
农村产权抵押融资政策	《成都市农村产权抵押融资总体方案》 《成都市集体建设用地使用权抵押融资管理办法》 《成都市农村房屋抵押融资管理办法》 《成都市农村土地承包经营权抵押融资管理办法》 《成都市"农贷通"平台建设推进工作方案》 《成都市"农贷通"平台融资贷款项目支持目录清单》
农村产权流转政策	《成都市集体建设用地使用权流转管理暂行办法》 《成都市农村土地承包经营权流转管理办法》

表8-4(续)

配套政策	具体措施
农村产权抵押融资风险分担政策	《成都市农村产权抵押融资风险基金筹集和使用办法》《成都市农村产权抵押融资风险基金实施细则》《成都市"农贷通"（乡村振兴农业产业发展贷款）风险补偿资金管理办法》
农村产权评估政策	《成都市农村土地经营权价格评估办法》《成都市农村土地经营权价格评估技术导则》《关于开展农村集体建设用地基准地价评估工作的实施意见》
农村信用体系建设政策	《成都市社会信用体系建设规划》

8.3.2 取得的成效

在政策推动、平台支撑、多主体联动下，成都市农村产权抵押担保融资取得了突出成效，扩大了农村市场融资新渠道，实现了农村产权资产市场价值、农民利益最大化，加速了农村产权要素自由流通，为城乡融合发展注入了金融动力。

8.3.2.1 农村产权抵押融资持续增长

立足农户和新型农业经营主体多元化信贷需求，成都市依托农村产权和现代农业制度赋能，加快农村资源资产盘活，利用农村产权金融杠杆撬动更多金融资源回流到农村发展的重点领域和薄弱环节，提升农村金融服务水平和效率，促进城乡融合经济提质增效和转型升级。

在"两权一房"抵押担保基础上，成都市已探索形成涵盖农村土地承包经营权、林木（竹、果）权、集体经营性建设用地权、养殖水面质押、农产品仓单质押、农业生产设施所有权、集体资产股权、应收账款质押等近20种农村产权抵押标的，累计实现农村产权抵押融资金额达200亿元，比2014年增加近198.5%。成都市探索推进"产权捆绑抵押""土地经营权+地面附着物""信用+产权抵押"，以及农户联保、反担保等模式增大抵押筹码，获得较大额度贷款，农村资源资产的多元财权价值持续增长。

8.3.2.2 城乡一体化金融服务体系逐步显现

围绕城乡一体化金融服务体系改革，以农村产权抵押担保为补充的多层次、多元化农村金融服务体系逐渐搭建起来，推动更多资本进入乡村，配置到"三农"重点领域和薄弱环节，满足城乡融合发展及农业产业升级的资金需求。2009—2020年，成都市涉农贷款余额由681.49亿元增至6635.86亿元，增长近 9.74 倍，年均增速达 31.37%（见图 8-2），涉农金融机构逐步回归本源，金融资源分配城乡差距逐步缩小，精准匹配城乡融合加快发展背景下日益迸发的产业融合和跨区域流动人口的金融需求。同时，农村产权抵押有力地助推了金融业和农业的互融共同，财金互动累计撬动涉农贷款贴息 3 329 万元，通过支农再贷款、再贴现直接引导金融机构投放涉农贷款（含贴现）363 亿元，逐步缓解资金倒灌城市现象。

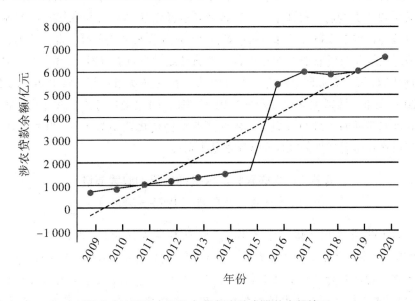

图 8-2　2009—2020 年成都市涉农贷款余额情况

8.3.2.3　城乡要素自由流动程度持续提升

成都市以城乡要素同权同价和价值实现为取向的农地金融改革，使农民获得了最为充分的产权权能，拥有了更加清晰的产权权利和收益权，为促进城乡要素自由流动和优化配置奠定了坚实的制度基础。成都市通过建立农村集体经营性建设用地入市制度，允许农村集体经营性建设用地出让、租赁、入股，实现与国有建设用地使用权同等入市、同权同价，加速了土地要素的自由流动，也吸引了更为广泛的社会主体进入乡村；通过明晰的农村产权主体和结构，加速推进农村资源、资产的资本化进程，逐步实现"权可抵押、权随人走、带权入城"。农户或新型农业经营主体可利用既有的农村产权转变形成产业扩大升级或初始创业发展资本，也可"带资进城"，有效转变了过去优质劳动力资源从乡村到城市的单向流动。逐步提高了农民财产权益、缩小了城乡收入差距。统计数据显示，2020 年成都市农村居民人均可支配收入达 26 432 元，是

2009 年的 3.71 倍；城乡收入倍差从 2009 年的 2.62 缩小到 2020 年的 1.84；农村居民财产性收入稳步提升，从 2009 年 573 元增至 2020 年 2 529 元，年均增速达 14.69%，初步形成了城乡居民共创共享改革发展成果和城乡融合发展的新格局。

8.3.2.4 城乡产业规模化发展和布局持续优化

成都市通过完善产权改革和产改成果运用的联动机制，依托成都农村产权交易所和"农贷通"载体平台，为新型农业经营主体培育和现代农业产业园区打造提供资金支持。成都市通过农村产权抵押融资权能杠杆，催生各类新型农业经营主体投资农业产业化项目，当前已累计发展合作社 11 075 家、家庭农场 9 223 家，农业职业经理人 17 180 人。在这些新型农业经营主体带动下，2020 年全市土地适度规模经营率达到 72.7%，同比增长近 3 个百分点，农业产业经营带动面达到 90% 以上，农业产业结构优化调整为 3.7∶30.6∶65.7，一二三产业融合发展的现代农业雏形基本形成。

专栏 6：我国农村产权抵押担保的政策演进
——法律严格禁止阶段（1995—2008 年）

从 1995 年我国开始实施《中华人民共和国担保法》，到 2002 年出台的《中华人民共和国农村土地承包法》，2007 年的《中华人民共和国物权法》，这些法律文件对农村产权的处分权都有严格规定，尤其是《中华人民共和国担保法》和《中华人民共和国物权法》中明确规定"耕地、宅基地、自留地、自留山等集体所有的土地使用权不得抵押"。在这一阶段国家对农村土地实施严格的保护制度，这是国家保障粮食安全和社会安定的必然要求，但在限制农地抵押的同时也制约了农地金融化和农村金融的发展，在很大程度上制约了农业发展模式的更新和重构。但在此之前贵州省湄潭县按照中央精神尝试进行农地金融改革试点，这是我国农地产权改革后形成的所有权和承包经营权分离后，开展农地承包经营权直接抵押贷款业务的首次尝试。然而，在实际操作过程中由于相关制度不完善，造成了寻租问题和资不抵债困境，且随着相关文件的出台，最高人民法院的司法解释也将土地承包经营权进行抵押或者抵偿债务认定为无效，农地金融改革宣告失败。此后，江苏溧阳、山东诸城等地也尝试进行农地金融制度改革，也没有取得良好效果。

（1）政策逐渐松动自发试点阶段（2009—2014 年）。

2009 年以"还权赋能"为核心的新一轮农村土地产权制度改革在全国逐步推开，同步，中国人民银行和银监会提出"有条件的地方可以探索开办土地经营权抵押贷款"，并在总结融合地方特性的农地抵押贷款山东"枣庄模式"及以农地确权、保险配套、风险补偿、农地产权交易中心为一体的陕西"杨凌模式"等试点经验后，于2010年决定"探索开展农村土地承包经营权和宅基地使用权抵押贷款业务"。2013年，中央提出"利用5年时间基本完成农村土地承包经营权确权登记颁证工作"，伴随农地确权改革，部分地方政府开始积极尝试开展农地抵押制度改革，探索农地抵押融资模式，例如，宁夏平罗"存地证"质押贷款、山东枣庄农村土地使用产权抵押贷款、重庆农地承包经营权抵押贷款、武汉农地经营权抵押贷款及四川农地流转收益担保贷款等。其间，国务院连续三次颁布相关文件，提出"赋予农民对集体资产股份占有、收益、有偿退出及抵押、担保、继承权"，国家对农地权属的限制在逐渐松动，农地产权逐渐细化和明晰，农村土地和农村金融制度联动改革逐渐拉开帷幕。但相关刚性禁令未进行相应调整，农村产权抵押担保的合同法律效力仍然成为问题，风险难度较大、进程缓慢。

（2）法律有条件解禁阶段（2015—2017年）。

2015年12月，全国人大授权232个试点区（市、县）暂时调整实施有关法律规定，这些地区可以突破《中华人民共和国物权法》《中华人民共和国担保法》中关于耕地、宅基地等集体所有的土地使用权不得抵押的相关法律条款，开展为期两年的"两权"抵押贷款试点，国务院、中国人民银行等印发的相关政策文件进一步规范试点工作有序开展，农地"三权分置"格局逐步形成，这是农村生产关系的一次重大调整，更为后续农村产权抵押贷款创造了条件。同时提出将"两权"抵押贷款试点延期1年，至2018年12月31日。其间，国家对农村产权抵押担保的法律规定逐渐放开，试点地区在国家相关政策支持下突破部分法律限制，加速推动农村产权抵押担保市场化进程，与之相应的配套机制也在逐步形成。从以上的政策更新和调整来看，我国农村产权制度的改革是与农村发展和农民需求相适应的，农村产权抵押担保经历了由"绝对禁止"到"渐渐放宽"的发展过程，农村产权的经济职能逐渐恢复，但仍然需要从法律制度框架进行重新审视，并探索其在实践应用中的可能。

（3）全面部署推进阶段（2018年至今）。

在各地推进农地产权制度改革的同时，2018年12月第十三届全国人大常委会第七次会议审议通过的《中华人民共和国农村土地承包法（修正案）》，在明确农村土地所有权、土地承包权、土地经营权"三权分置"的基础上，允许依法采取出租、入股、抵押或者其他方式流转土地经营权，明确土地经营权持有人经承包方同意并向发包方备案，可以用土地经营权向金融机构融资担保。2021年开始施行的《中华人民共和国民法典》删除了耕地使用权不得抵押的法律限制，并增加海域使用权可以抵押的规定。在抵押物流转方面，《中华人民共和国民法典》规定抵押人在抵押期间可以自由转让抵押财产，抵押权不受影响。2021年3月1日开始施行的《农村土地承包经营权流转管理办法》进一步赋予了土地经营权再流转及向金融机构融资担保的权能。相关法律的修订完善为农地产权的权能赋予提供了具有法律效力的正式表达，至此拉开了农村产权抵押担保推进序幕。

专栏7：崇州市群安村农村集体建设用地使用权抵押贷款模式分析

在农村产权"应确尽确、权属清楚"前提下，通过政府引导，崇州市桤泉镇群安村有效运用市场化手段促进银行融资和社会资本参与农村土地综合整理，形成了推动生产要素自由流动的有效途径，相关做法如下。

推动组建土地股份合作社。综合运用农村产权改革成果，以农村资源换新农村建设资金，推动实施"荷风水村"土地综合整理项目。群安村五、六组以农村集体建设用地使用权折资入股，组建土地股份合作社，作为土地整理和新村建设的项目实施主体。通过土地股份合作社集中了集体建设用地215.22亩（1亩≈667平方米），自主实施71.22亩的土地整理，修建"荷风水村"新村集中安置点。

利用集体建设用地抵押融资实施新村建设。合作社以165.7亩集体建设用地使用权作为抵押物向成都银行崇州支行申请3 600万元贷款，启动实施"荷风水村"农民新居和基础配套建设。

利用结余的建设用地指标获取前期建设资金。通过招商引资，将节约出来的集体建设用地指标以每亩30万的价格转让给成都逸凡实业公司，逸凡实业公司向合作社预付1 000万元指标收购资金，用于安置点内住房搬迁等前期费用。

按照产权权属进行收益分配。充分尊重农村产权制度改革成果，拆迁补偿以确权颁证产权的面积作为依据，平均每户每平方米1万元的补偿。坚持按产权权属进行收益分配，在提取基础设施配套和风貌整治费用后，按农户节约的建设用地面积分配收益。

通过这种农村土地综合整理模式，崇州市探索形成了以农户为主体，以产权为基础的利益链接和收益分配制度，以集体建设用地市场运作和开发利用的新型模式，有效激发了农村产权资源要素流动，推动了农村产权要素民主化、市场化、资本化运作。项目的实施极大改善了190户农户居住条件，吸引了社会资本进驻发展本地文化产业，促进了地区集体经济和农户增收。

专栏8：温江区岷江村农村集体资产股权质押贷款模式分析

成都市温江区寿安镇岷江村股份经济合作联社以本集体经济组织的集体资产股权提供反担保，获得了中国农业银行温江支行"强村贷"200万元，期限2年，执行利率为3.85%，率先在四川实现集体资产股权质押融资。

（1）集体资产股权价值认定。由金融机构、农业农村局等部门，结合岷江村区域环境、区位优势、产业发展以及预期收益，按照公平、公开、公正、科学方式，对集体资产股权价值进行有效认定。

（2）确定抵押融资模式。根据岷江村股份经济合作联社融资需求，结合金融机构产品，通过"政银担保"模式，利用本集体经济组织的集体资产股权，向四川省农业融资担保有限公司作反担保，向中国农业银行温江支行申请流动资金贷款200万元的"强村贷"，用于合作联社扩大生产经营。

8.4 成都市城乡产业协同发展平台建设的探索与成效

城乡产业协同发展平台建设是建立健全城乡融合发展体制机制和政策体系，实现城乡产业协同发展必需的载体支撑和重要抓手。基于"发现和培育比较优势"的理念，成都市以产业生态圈为单元，深度契合城市功能布局，紧扣全省"10+3"现代农业产业体系建设，以7个现代农业产业功能区、48个国家和省、市、县级农业园区为载体，创建了一批城乡融合发展典型项目，促进城乡融合在要素集聚、功能植入、业态创新、体制机制改革等方面取得了重要突破。国家城乡产业融合发展示范区城乡产业协同发展重点领域与路径模式见表8-5。

表8-5 国家城乡产业融合发展示范区城乡产业协同发展重点领域与路径模式

区域	面积/km²	重点领域	探索路径
东部地区			
浙江嘉湖片区	10 043	有偿转让农村权益、农村集体经营性建设用地入市、城乡产业发展平台、生态产品价值实现、城乡基本公共服务均等化	以城带乡联动发展格局初步形成；农村"低散乱"企业得到有效整治；加快建设小微企业园（"两创"中心）：基本实现"三权到人（户）、权随人（户）走"；探索多模式的村级集体经济

表8-5(续)

区域	面积/km²	重点领域	探索路径
福建福州东部片区	6 361	城乡人口迁徙、城中村改造、城乡产业发展平台、生态产品价值实现、城乡基本公共服务一体化	以福州都市区和厦漳泉都市区建设为引擎,进一步带动闽东北经济协作区和闽西南经济协作区加快发展; 形成了以晋江农业转移人口市民化为特色的由乡入城经验和以莆田"五融五化"城乡一体化发展为特色的由城及乡经验
广东广清接合片区	8 935	城乡人口迁徙、农村集体经营性建设用地入市、农村产权抵押、城中村改造、城乡产业发展平台	聚焦10项试验区重点任务,加快实施"1221"工程,健全都市圈; 率先建立城乡融合发展机制; 以"广清一体化"加强新增建设用地计划指标和城乡建设用地增减挂钩指标的供给
江苏宁锡接合片区	9 978	农村集体经营性建设用地入市、科技成果入乡、城乡产业发展平台、生态产品价值实现、农民持续增收	落实"只转不征"的土地利用新方式; 以建设美丽乡村与旅游融合发展的新样板为目标,探索以自然生态为主体的"三产"融合发展平台,建立生态产品交易机制
山东济南局部片区	12 846	有偿转让农村权益、农村集体经营性建设用地入市、城中村改造、城乡产业发展平台、生态产品价值实现	提出在符合国土空间规划、用途管制、依法取得、确权登记的前提下,推进集体经营性建设用地就地入市或异地调整入市,确定其使用权的出让及最高年限、转让、互换、出资、赠与、抵押等,参照同类用途的国有建设用地执行
中部地区			
河南许昌	4 979	农村集体经营性建设用地入市、农村产权抵押、科技成果入乡、城乡产业发展平台、城乡基本公共服务均等化	加快推进郑州国家中心城市和郑州都市圈、洛阳副中心城市和洛阳都市圈的规划建设,聚力打造引领中原城市群高质量发展的"双引擎"; 深入推进县域治理"三起来"并发挥示范引领作用
江西鹰潭	3 557	农村集体经营性建设用地入市、农村产权抵押、城乡基础设施一体化、城乡基本公共服务均等化、农民持续增收	义务教育教师"县管校聘"改革,乡村医生"乡聘村用"改革等公共服务均等化改革启动实施; 城乡供水供气、公路、电商物流协同发展等基础设施实现"城乡共配"
东北地区			
吉林长吉接合片区	11 801	有偿转让农村权益、农村集体经营性建设用地入市、农村产权抵押、城乡产业发展平台、农民持续增收	以长春市九台区城乡融合实践为基础,试验区内已全面放开了各区(市、县)和建制镇的落户限制,对常住人口全面实施居住证制度,赋予居住证持有人6项公共服务和9项便利; 积极构建东北现代农业经营体系,分级培育一批示范农业产业联合体,打造农业产业融合示范基地,为农村发展注入新活力

表 8-5（续）

区域	面积/km²	重点领域	探索路径
		西部地区	
重庆西部片区	15 232	城乡人口迁徙、有偿转让农村权益、农村集体经营性建设用地入市、城中村改造、城乡产业发展平台	全面落实成渝地区双城经济圈建设战略部署；形成重庆市"一区两群"协调发展格局；增强主城都市区综合承载能力和辐射带动作用；提升区县城公共设施和服务能力
陕西西咸接合片区	4 215	有偿转让农村权益、农村集体经营性建设用地入市、科技成果入乡、城乡产业发展平台、城乡基础设施一体化	高陵扎实推进农业供给侧结构性改革，大力发展都市农业、乡村旅游；阎良充分发挥区域梯度优势，紧密围绕富平—阎良一体化发展和新型城镇化建设；推进城乡融合发展试验区建设；西咸新区在探索特色新型城镇化道路、健全城乡发展一体化体制机制等方面具有示范和引领作用
四川成都西部片区	7 672	城乡人口迁徙、农村集体经营性建设用地入市、农村产权抵押、城乡产业协同、生态产品价值实现	探索绿色生态价值实现机制，筑牢公园城市生态本底；构建产业生态圈、创新生态链，探索城乡产业协同发展新模式；提出以大城市为带动的"城乡融合发展单元"发展模式
四川成都温江区	276	生态产品价值实现、城乡产业协同、农村集体经营性建设用地、农村金融服务、城乡人口自由迁徙、科技入乡路径、农村集体资产权能改革、农村集体经济发展	建立 GDP（地区生产总值）和 GEP（生态系统生产总值）"双核算、双运行"绿色经济考评体系，探索生态产品市场化交易模式；创新产业空间载体打造模式，探索"国有公司+社会资本"的特色小镇建设模式和"管委会+平台公司"的运行模式，创新产业功能区运营管控模式，赋予其更大权能；探索集体经营性建设用地入市办法改革、利用方式改革和市场体系改革；创新"花木仓单质押贷款""花木抵押贷款"服务，探索农村集体资产股份价值评估机制；试点"新村民"制度，以共享宅基地资格权、农村集体土地承包经营权、农村集体资产股权、参与乡村治理等集体经济组织成员权为核心，引进一批"新村民"；探索科技成果转化利益联结机制，推进"一个脑袋两只手"政产学研用投协同创新；创新农村集体资产股权的开放式交易，深化农村集体资产股份权能改革；鼓励农村集体经济组织运用生态资产标的价值评估结果，将生态资产标的价值折算为集体资产股权，发展休闲农业、康养农业等新产业、新业态；探索"集体经济组织+农户+社会组织+项目业主"的合作方式，创新共建共创共享的利益联结机制

表8-5(续)

区域	面积/km²	重点领域	探索路径
四川成都郫都区	437	生态产品价值增值、农村集体产权制度改革、城乡人口自由迁徙、城乡产业协同、农村金融服务体系、乡村振兴人才培养	创新"土地增值、商业反哺"的生态投入产出平衡机制，将土地出让、入市部分收益用于生态项目建设； 探索"生态银行"模式，开发绿色金融产品； 推进宅基地"三权分置"改革，健全集体经营性建设用地入市制度，探索农村集体经营性建设用地使用监管机制； 探索建立新村民引进激励和管理机制，探索推广"共享田园"模式； 构建"领导小组+乡村振兴专业委员会+功能区管委会+乡村振兴投资发展有限公司"的运行体系机制； 创新"区属国企+总承包商+合资公司"运营模式； 构建"产业功能区+特色镇+新型社区"三级城镇体系，健全"两图一表""吹哨到岗"工作机制； 创新金融产品与服务方式，探索"数据+""农村产权+"系列产品，扩大抵押贷款试点工作，构建新型"银政担"合作模式； 创办了首个乡村振兴培训学院——"四川战旗乡村振兴培训学院"； 探索集成"选、培、评、用、退、支、服、保"多位一体、全程管理的新型职业农民制度体系
四川成都彭州市	1 421	生态产品价值实现、城乡产业协同、城乡人口迁徙、乡村人才培育、农村集体经营性建设用地利用、农村产权抵押	夯实城乡融合发展的生态基底，推动绿道业态、场景及空间融合，推动人、城、境、业融合发展，以推行"村集体经济+运营公司"民宿合作经营模式撬动生态旅游业； 搭建城乡融合发展产业承载平台，建设医药健康产业生态圈、天府蔬香现代农业产业园等； 放宽外来人口落户，完善人口管理便民服务措施，支持紧缺专业人才落户； 实施"金彭人才计划"，大力引进乡村战略急缺紧缺的文创、旅游、策划等高层次人才，实施"农业实用人才优化工程"，探索"人才+项目+资本"协同引才模式； 探索农村集体建设用地高效利用途径，实行"点状供地""混合供地"等灵活方式，组合不同用途和地块的搭配供应，构建"国有建设用地+集体建设用地+农用地"综合利用模式； 探索农业补贴质押、集体资产量化股权质押等新型抵质押方式，鼓励银行机构探索农业应收账款质押等供应链金融产品

表8-5(续)

区域	面积/km²	重点领域	探索路径
四川成都都江堰市	1 208	生态产品价值实现、城乡产业协同、农村集体经营性建设用地入市、农村金融服务、乡村人才振兴、建立进城落户农民依法自愿有偿转让退出农村产权机制	建立"存量资源"常态化核定和"增量资源"动态化评估体系,探索组建"森林生态银行",探索建立生态资源融资担保体系; 创新产业功能区管理运营机制,打破行政区划束缚,深化产业功能区"区镇合一""区景合一""统分结合"改革; 构建农村集体建设用地价格评估机制,制定集体经营性建设用地用途负面清单,建立"亩均论英雄"综合评价体系,倒逼土地精拿细用,探索闲置土地利用新途径; 畅通农村信贷投放绿色通道,探索农村产权收储处置机制,试点集体经济组织授信模式,在全国首创农业融资履约保证保险、猕猴桃价格指数保险,启动蚂蚁金服"智慧县城+普惠金融"模式; 建立城乡人才合作交流机制,建立人才入乡创业兴业权益保障和评价激励机制,建立"社区合伙人"制度,鼓励村集体经济组织以"合伙人"方式引入人才
四川成都崇州市	1 089	生态产品价值实现、城乡产业协同、人才入乡、农村集体建设用地高效利用、农村金融服务、城乡基础设施一体化、城乡产业协同	提升"城区+特色镇+中心社区+天府新林盘"城镇体系,试点碳权、水权、排污权等生态权益交易,开展政府采购生态公共产品试点; 构建"两级政府、三级管理、专业高效"产业功能区运行模式,探索以"委镇合一"为代表的镇(街道)与产业功能区管理机构委托管理、合署办公、合并设立等有效形式; 探索推行"岗编分离",推动城市教科文卫体等工作人员定期服务乡村,推行规划、设计、文创、经营、营销等专业技术人才"引育用留"机制; 制定低效用地和闲置土地认定办法,鼓励通过并购重组、有偿收回、区位调整等方式盘活存量建设用地; 探索构建"天使投资+风险投资+债权投资+上市融资"农村中小微企业金融服务体系,探索试点运用"民办公助、以奖代补、建后补助"等方式撬动更多金融资本; 拓展政府和民间资本合作渠道,拓宽城乡基础设施和公共服务供给来源,推动城乡基础设施和公共服务共建共享; 探索构建"管委会+平台公司+共营制"的管理运营机制

表8-5(续)

区域	面积/km²	重点领域	探索路径
四川成都邛崃市	1 377	生态产品价值实现、城乡产业协同、农村集体建设用地高效利用、农村金融服务、城乡人口迁徙、城乡进步公共服务均等化	开发生态公园、森林康养等项目,打造集多种功能和消费场景的特色镇和川西林盘院落,创新绿色金融产品开发机制; 聚焦主导产业构建产业链,试点法定机构改革,完善产业功能区管理运营机制; 建立撤乡并镇闲置建设用地收储机制,鼓励农村集体经营性建设用地节余指标跨区域使用,依据相关规定,在有条件的镇街探索"村庄挂钩"; 探索土地储备公司依法合规参与农村土地经营权、农民住房财产权、农村集体资产股份权等抵押贷款试点工作,推动政策性保险扩面、增品、提标,针对新型农业经营主体依法合规开展订单仓单融资、应收账款质押; 制定支撑主导产业和重大项目的人才政策,健全邛州英才、崃山工匠等特色人才激励体系,探索农商文旅体人才作为新村民、乡贤进村落户; 完善名师、名校长梯次培养机制,探索文化资源转化机制
四川成都大邑县	1 284	生态产品价值实现、城乡产业协同、生态产业化用地、人才入乡	构建"生态路网+综合公园+产业功能"发展空间,探索生态产品标准体系和质量认证结果采信机制、生态资产与生态产品交易机制; 引入专业化运营企业,推行"国有投资平台+专业性企业"合作开发模式,积极探索"整体开发建设、内部封闭运行"; 探索实行点状供地和混合用地,试点实行"标准地"供地模式,建立撤并乡镇闲置建设用地收回机制,盘活用好低效闲置存量土地资源; 完善集体经济组织人才引进和开发利用机制,通过"房东+股东+分红"等共建共享机制,留住乡村发展人才
四川成都蒲江县	580	生态产品价值实现、农村集体经营性建设用地入市、农村金融服务、农业社会化服务、城乡公共服务均等化	实施绿色有机工程,构建"川果"产业生态圈,创建国际生态旅游度假功能区; 加快"新五权"确权颁证,以"一个交易平台、四级服务体系"为载体,构建全域覆盖的农村产权交易服务体系; 设立"蒲江县乡村振兴农业产业发展贷款风险补偿金",开展柑橘低温、茶叶低温和猕猴桃高温气象指数保险和柑橘价格指数保险; 推进农业社会化服务水平,实现农业全程、全域、全员高度组织化,担当"服务全川"重任; 实施名优骨干教师多校任课的"走校"制度; 推动全域景观塑造

作为城乡产业协同发展平台的载体,产业功能区、现代农业园区、特色小镇、田园综合体等产业融合载体除了发挥传统农业功能外,在助力提升乡村经济效益、彰显乡村多功能价值、创新业态模式、推进体制机制改革、重塑城乡

空间形态等方面均发挥了积极作用，助力成都城乡产业融合成效显著。

8.4.1 以农业转型升级为引领，发挥产业平台经济基础

成都市依托各类城乡产业协同发展载体，不断优化农业供给侧结构性改革，农业产出效益显著提升，形成了一批全国知名品牌，如蒲江雀舌、都江堰猕猴桃、蒲江杂柑、邛崃黑茶、郫县豆瓣等。在产业化和品牌化带动下，2020年成都市单位耕地面积的农业产值达到亩均 8 349 元。小农户对接大市场的能力不断提升，小农户与专业大户、合作社、农业龙头企业等新型主体之间通过要素投入、入股参股、订单合同、技术资本服务等方式形成了紧密的利益联接机制，较为典型的有买断式利益联接机制、合同式利益联接机制、合作式利益联接机制、股份式和股份合作式利益联结机制等。农民的收入渠道得到不断拓宽，涵盖了土地流转收入、销售利润分红收入、劳务收入等。加之产业链的纵向延伸和横向拓展，诸多社会化农业服务业和消费性服务业融合发展，进一步提升了农民就业契机。

8.4.2 以彰显乡村多元价值为导向，构建产业平台功能体系

在城乡产业协同发展平台建设过程中，成都市积极探索乡村产业商品化路径，发展出多元叠加的商品化类型，助推城乡产业体系发生重构式迭代升级。目前，西部片区已形成现代种养业、农产品加工流通业、农村电商、休闲旅游业、乡村服务业、数字农业等"百花齐放"的多业态格局，城乡产业融合释放出前所未有的潜力，乡村功能价值明显拓展提升。首先，农产品高质量供给导向更为明晰。随着居民收入水平的稳步提升，人们对农产品消费偏好更倾向于优质化、健康化、个性化和功能化特征，由此倒逼成都市农业生产更加注重绿色、生态、高端的供给导向，并逐步走上了精致农业和品牌农业的发展路径，目前西部片区的绿色有机农业产值已经超过了 50 亿元。以"天府源"为核心的农产品区域公用品牌体系日趋完善，"区域品牌+企业品牌+农村电商平台"的农产品运营体系在多地已发展成熟。其次，乡村休闲旅游功能明显提档升级。随着乡村用地机制不断放活，农地利用复合化趋势愈加明显，各类生产要素的内在耦合性不断增强，驱动资源共享和产业创新协同。近年来，成都市乡村精品民宿、森林康养、研学教育、农事体验等产业进入了快速发展轨道，郫都区唐昌街道战旗村、蒲江县甘溪镇明月村等 10 个村落被命名为中国美丽休闲乡村，都江堰市柳街镇七里社区等 9 个村落入选全国乡村旅游重点村，助力全市乡村旅游业收入从 2012 年的 128.5 亿元增至 2020 年的 515.6 亿

元。最后，乡村生态产业化路径日渐明晰。目前，成都市以功能需求为重点积极探索生态价值实现机制，在搭建城乡产业融合发展平台过程中，越来越多地将乡村生态功能和生态产品价值纳入考量，成功地打造了温江区依田桃园、大邑县稻香渔歌、彭州市鱼凫湿地、崇州市鲜道·幸福里等众多具有"网红"效应的乡村大地田园景观。

2011—2020 年成都市休闲农业和乡村旅游业收入变化趋势见图 8-3。

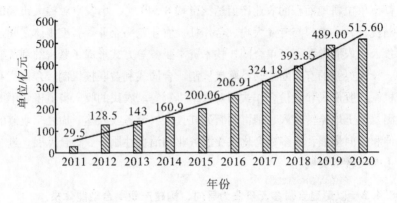

图 8-3　2011—2020 年成都市休闲农业和乡村旅游业收入变化趋势

8.4.3　以推动城乡多元融合为目标，探索产业平台运行机制

城乡产业协同发展平台的建设，在聚合新要素、探索新模式、发挥新成效等方面实现了一定的突破创新。一是推动要素资源互融互通。各类产业协同发展平台遵循"企业主体、政府引导、多元投入、市场驱动"的原则，推动多维度的资源对接和项目合作，助推城市产业部门的先进要素能够更好地渗入乡村产业中。各类城乡产业协同发展平台吸引了大批农民工和大学生返乡就业创业，推动互联网、大数据、云计算、区块链等技术下乡和资本下乡，有利于推动城乡产业融合深化。如郫都区创新"高校+支部+农户"结对共建模式，培育农村新职业农民、农业职业经理人等各类人才 17 856 人，引进 8 类紧缺人才成为"新村民"和"乡村合伙人"，带动 3 000 多名"新农人"到乡村发展，掀起各类优秀人才"进村下乡"热潮。蒲江县坚持内培外引，设立 5 000 万元人才专项资金，引进规划、文创、旅游、营销等领域高端人才投身乡村建设。二是助推公共服务向乡村延伸。各类城乡产业协同发展平台的搭建有利于农民集中居住，大大降低了农村基础设施和配套公共服务设施的建设成本，加快了城市公共服务向农村延伸与覆盖，有效缓解了乡村公共服务资源浪费和短缺并

存的结构性矛盾，城乡公共服务均等化水平显著提升。与此同时，各类城乡产业协同发展平台有助于提升农民素质，衍生出全新的生产和生活氛围，一定程度上减轻"人户分离"的压力，推动农村劳动力就地就近就业和城镇化，重塑了乡村公共服务共建共享的格局。三是催生出诸多城乡产业融合发展的新模式。如在经营模式上，崇州市率先提出并推行了"农业共营制"，建立了农户和企业的利益联接机制，农户能够通过分红享受产业发展成果；邛崃市组建了"土地合作联社"，并开展了村集体资产股份化改革，拓宽了农民财产性收入渠道；蒲江县引入"产业联盟"模式，实现了农户的标准化生产。产业功能区（园区）普遍实行"管委会+平台投资公司"这种行之有效的管理模式，在打破区域行政分割、统筹资源、协调各方利益等方面起到了较好的作用，有效提升了行政效率和企业积极性。与此同时，各类城乡产业协同发展平台的建设也倒逼着全市户籍制度、土地制度、金融制度等多项改革换挡提速。

不难看出，依托各类城乡产业协同发展平台和载体的建设，成都市城乡产业融合发展能级得到了显著提升，并助推全市城乡融合展现出前所未有的新的发展活力。

8.4.4　以农业产业化联合体建设打造城乡产业协同发展平台：邛崃市的实践

为推进城乡产业融合发展，邛崃市按照"市场主导、农民自愿、民主合作、兴农富农"的总体原则，围绕发展壮大特色产业、带动农民长效增收的改革总体思路，为乡村振兴和城乡融合发展提供了重要的产业发展借鉴。

8.4.4.1　实践做法

（1）组建了邛茶农业产业化联合体，明确了联合体的功能定位和组织结构。

改革试验工作启动以来，邛崃市不断完善产业化联合体运营机制，引导联合体实现市场化运行。目前，全市5个联合体基本实现自我良性运行。在支持体系方面，邛崃市制定出台了邛茶农业产业化联合体经营管理条例和合作规程，给予达到标准的联合体5万元/年的运行奖励资金，并以联合体发展为需求导向，整合涉农资金，优化相关支持政策。在经营制度建立和完善方面，邛崃市鼓励龙头企业带动合作社、家庭农场等主体共同协商，制定了邛茶农业产业化联合体经营管理条例和合作规程，形成了产业化联合体规范运营的制度基础，制定了《现代农业产业化联合体章程》（简称《章程》），邛崃市明确了联合体的组织性质、经营宗旨、业务范围、组织机构及成员职责等内容。在联合体职能分工方面，明确了不同成员的职责分工，龙头企业负责对接市场需求并将需求信息传递至生产环节的合作社、家庭农场和农户，同时进行品种改良、技术推广、产品精深加工、产品开发及品牌建设等产业链前端及后端环节；合作社负责组织农户进行标准化生产，提供专业服务，提供农资产品，进行产品收购，组织劳务等；农户负责按照合作社要求进行标准化生产，管理茶园，提供符合企业需求的原材料。

（2）实现了多元经营主体有机联接，探索了农户融入现代农业的有效方式。

邛崃市将带动小农户致富、实现小农户与新型经营主体共同发展作为建立产业化联合体的重要目标，探索了保底分红、入股分红等多种利益联接形式，鼓励农户以土地、资金、技术、劳动力等与新型经营主体合作，通过龙头企业引领和合作社服务，通过统一生产、统一营销、信息互通、技术共享、品牌共创、融资担保等方式，建立起"风险共担、利益共享"的产业发展共同体。邛崃市依托产业化联合体加强对小农户的政策扶持，围绕小农户融资难、贷款难的问题，积极发展农业普惠式金融体系，推进农村产权抵押贷款，盘活资产资源。随着产业化联合体的建立和运营，全市小农户组织化程度得到提高，农户能够有效参与现代农业经营，家庭经营效率提高，收入显著增加。

（3）制定了邛茶产业的标准化体系，奠定了特色产业转型升级的重要基础。

在探索邛茶产业化联合体经营机制的过程中，邛崃市高度重视产业发展过程中的标准化建设问题，以联合体建设为契机，积极引导各主体参与标准化建设，形成了邛茶产业标准化体系，为产业转型升级奠定了重要基础。一是依托邛茶产业协会推进邛茶基地标准化建设。邛崃市充分发挥文君茶业、碧涛茶业、金川茶业等龙头企业示范带动作用，开展茶园标准化生产管理技术培训，提高茶农生产管理水平。政府整合相关支农政策，在基地开展茶叶机械化采摘、茶园绿色防控、茶叶基地基础设施配套等项目建设。二是以公共品牌建设为契机提升邛茶品牌标准。邛崃市依托国家地标产品"邛崃黑茶"公共品牌，督促联合体成员按照统一的包装、标识、形象设计等，集中力量打造统一茶叶品牌。三是制定了邛茶生产标准。邛崃市制定了《邛崃市茶叶标准化精品示范园项目实施方案》《邛崃黑茶鲜叶原料检验规程》《邛崃黑茶团体标准 T/QLCX01-2020》等 14 项茶叶种植技术规范，要求联合体成员遵守技术规范，提高产品标准化程度。联合体制定了"五统一"标准化生产规程（统一基础设施建设、统一规划种养品种、统一全程技术标准、统一生产投入资料、统一公共营运体系），健全茶业全产业链标准体系，引导联合体成员主动增强农产品质量安全意识，自觉按照标准化生产规程开展茶叶生产。

8.4.4.2 总体成效

（1）产业化联合体经营机制不断完善，基本实现市场化自我良性运行。

在各成员自愿参与、平等对话、充分沟通的原则下，邛崃市引导产业化联合体迅速进入实体化运行阶段，建立了规范的产业化联合体管理制度和经营机制。目前，全市联合体成员包括3家茶叶龙头企业、8家合作社、5家家庭农场和16家种植大户，辐射带动小农户1.5万余户。邛茶产业化联合体具体由龙头企业带领合作社和家庭农场建立，已经在全市5个片区建立了5家联合体。如文君茶业有限公司成立文君农业开发有限公司，与田源茶业专业合作社、壹加壹茶叶种植专业合作社、乡绿源种植专业合作社、金田家庭农场、领鲜家庭农场、绿茗家庭农场、雅轩家庭农场、萌萌茶园家庭农场成立了现代农业产业化联合体。目前，联合体已经召开多次成员会议，形成成员共同遵守的生产标准，企业将原来直接经营的2 000亩（1亩≈667平方米）基地反租倒包给合作社，合作社根据企业要求进行品种改良和标准化生产，企业按照市场价格溢价5%~8%收购合作社产品，联合体运营已经近一年时间，企业生产成本显著降低，合作社和农户经营收益增加，实现了多方共赢的预期目标。在茶业产业化联合体良性运行的基础上，邛崃市还在粮油、果蔬等产业推广联合体发展方式，证明了联合体经营机制的产业广泛适用性。

（2）茶产业竞争能力显著增强，有效推动乡村特色优势产业提质增效。

农业产业化联合体的建立和经营机制的完善有效推动了邛茶产业的转型升级和提质增效。产业化联合体建立后，企业、合作社、农户等生产经营主体利益联接更加紧密，主体行为得到制度化引导和约束，推动全市茶产业标准化程度显著提升，产品品质有效提高。建立产业化联合体，能够让不同主体从事分工优势环节，提高生产效率，如龙头企业专注于茶叶精深加工，围绕"邛崃黑茶"开发了小罐黑茶、单芽黑茶、巧克力黑茶、小圆饼黑茶等新产品，提升了品牌价值。2019年至2020年上半年，全市邛茶产业化联合体实现茶叶销售收入5.8亿元，培育以"邛崃黑茶"国家地理标志产品为代表的茶叶"三品一标"产品13个。

（3）小农户有机融入现代农业，产业化联合体带动农户增收作用显著。

在探索农业产业化联合体经营机制的过程中，邛崃市坚持以兴农富农为原则，积极引导小农户加入产业化联合体，通过经营模式和利益联接机制的创新，推动农户融入现代农业经营体系，分享产业增值收益。如金川茶业有限公司在天官镇建立农业种植基地，帮助小农建立合作社，再以产业化联合体模式进行生产经营，解决了茶农农资购买价格高、产品销售困难等问题，提高了当地茶叶品质和市场价格，农户生产成本降低、生产效率提高、经营收入增加。据统计，2019 年至 2020 年上半年，全市茶叶产业化联合体辐射带动农户数1.5 万余户，农户户均收入增收 1 600 余元。

（4）更多生产要素向乡村集聚，乡村振兴面临的短板被逐步补齐。

通过探索产业化联合体经营机制，邛崃市乡村产业优势得到强化，乡村对要素的吸引力和集聚力也进一步增强，产业化联合体的发展带动了返乡创业者、企业家回归乡村，同时也培育了一批新型职业农民。更为重要的是，在培育产业化联合体的过程中，邛崃市通过政策引导吸引了更多外部要素向乡村集聚，细化了产业分工、延伸了产业链条，也为乡村振兴奠定了重要的要素基础。如帮助茶叶龙头企业加强与中国农科院茶研所、四川省茶研所的合作，开展茶叶新品种研发推广、茶叶种植适用技术指导等工作，通过与科研机构建立稳定的合作关系，提高了邛崃茶产业的技术水平，为产业全面升级提供了技术支撑。

8.4.4.3 创新经验

（1）以产业标准制定为引领，推进联合体经营机制不断完善。

与多数地区将龙头企业作为产业化联合体的核心不同，邛崃市将制定产业标准作为联合体建设和稳定运营的重要动力，围绕产业标准的制定、实施、提升牵引产业化联合体建设和发展，使联合体具有更强的引领力、凝聚力和可持续性。在产业化联合体形成和发展过程中，最核心的问题在于其内在凝聚力是什么，不同主体之间存在利益冲突，"合作困境"问题一直是联合体建设的内在制约因素。以单一主体为主导和核心建立的联合体往往面临其他成员的"机会主义行为"，如订单违约、生产行为不规范等问题，需要建立各种监督机制来维持组织运行，这使联合体运行面临较高的交易成本，也成为许多联合体无法持续运营的重要原因。邛崃市以产业标准制定为引领推动联合体建设，创新了联合体发展最有价值的内涵，制定的产业标准符合联合体中多类别成员的共同利益，使成员具有遵守长期合约的内在动力，从而使联合体发展突破了单一主体引领面临的交易成本过高问题。

（2）以经营主体行为调整为关键，构建共建共享的产业体系。

经营主体间的持续合作和履约行为是产业化联合体建立和持续运行的关键保证。在运行良好的联合体内部，不同主体能够在明确分工的基础上相互信任，采取自觉遵守合约的行为策略，而一旦主体采用机会主义行为，联合体内部的组织成本将增加，当组织成本高于联合体的组织收益时，联合体各成员就会退回到市场交易状态。邛崃市在探索农业产业化联合体经营机制的过程中，深刻认识到了主体行为对于联合体经营的关键性意义，因此，将引导主体行为、增强成员间信任、抑制机会主义行为作为试验任务推进的重要内容。为增强农户对龙头企业的信任，邛崃市引导企业向农户让利，增强农户对企业的信任度，同时，建立违约行为惩戒机制，取消违约主体能够享受到的各类政策补贴。通过规范主体行为，邛崃市产业化联合体经营效率较高，不同主体能够发挥比较优势，实现并共享组织红利。

（3）以精准的政策支持帮助联合体发展，突破关键瓶颈制约。

明确的内部组织架构和成员关系是产业化联合体发展的内部基础，而产品的市场竞争力则是其发展的外部保证。对于农产品生产而言，产品的品质和品牌是决定市场竞争力的关键因素，也是现实中大多数联合体发展的瓶颈性制约因素。为了帮助联合体突破产品品质和品牌的制约，提高市场竞争力，邛崃市在尊重市场规律的前提下，通过政策工具为联合体发展提供重要导向和激励，如建立物化补贴制度、打造区域性公共品牌、建立产品标准化体系等，在关键环节和重点领域提供政策性支持，帮助联合体破解发展过程中的瓶颈制约。

（4）以合作社为重要组织载体，构建联合体稳定发展的基础。

在产业化联合体中，合作社一头连接分散的小农户，一头连接龙头企业，是联合体的组织枢纽，其作用十分重要。可以说，联合体发展的基础在于合作社，是否具有组织规范、带动能力强的合作社决定着联合体的经营效率和生命周期。邛崃市高度重视合作社的发展，将建立规范的合作社作为探索农业产业化联合体经营机制的重要工作任务。邛崃市推进合作社提升行动，帮助农户建立合作社，引导已经建立的合作社实现规范化运行，目前，已经在全市建立合作社979家，其中茶叶生产及服务合作社173家，改革试验任务推进以来新增注册合作社114家，其中茶叶生产及服务合作社38家，为产业化联合体的持续运营奠定了重要的组织基础。

（5）以多元化的合作方式引导多样化发展要素植入联合体。

邛崃市不仅积极探索产业化联合体经营机制创新，还高度重视联合体发展对于乡村振兴的带动作用，以联合体发展为依托，吸引多种外部资源，将农业服务、科技创新、技术培训等专业性服务机构与传统农业生产相结合，全面提升特色产业竞争力，推动乡村产业融合发展。如为解决联合体发展过程中对专业技术人才的需求，邛崃市以购买服务的形式将茶叶产业职业农民培训服务委托给华夏茶艺培训学院，由政府协调集体经济提供培训和经营场所，华夏茶艺培训学院负责提供相关培训，借助培训机构的专业能力，迅速培训了大批茶艺师、旅游销售人员、制茶技术人员，弥补了产业发展的人才短板，也带动了茶艺表演、茶文化旅游业的发展。

专栏9：蒲江国家现代农业产业园打造高质量绿色发展典范

蒲江国家农业产业园面积337.4平方千米，以晚熟柑橘和猕猴桃标准化种植、农业服务、分选加工、冷链物流、贸易、产业融合发展为重点，建设以"有机绿谷，世界果园"为总体定位的"川果"产业功能区，聚焦"全员、全域、全链"，打造世界一流、全国领先的绿色有机水果产业园。产业园的核心区天府农创园，规划面积10平方千米，聚集发展农业生产服务、农产品加工、冷链物流、电商服务、农业金融保险服务等，建成果港、果园、果市、果景、果居五大功能区，集中展示特色产品、耕地质量提升服务、现代化灌溉服务、植保技术服务、农产品精深加工研究、现代农机科创服务。

截至2020年年末，蒲江国家农业现代产业园建成特色水果标准化种植基地2 000亩（1亩≈667平方米），获批全国绿色食品原料标准化生产基地；引进西南水果冷链物流港等重大项目11个，冷链仓储静态库容量达15万吨；全面推进"两个替代"行动，新增"三品"及GAP认证面积2.9万亩，绿色防控覆盖率达60%；农业增加值增长2.3%；启动建设国家生态旅游示范区，完成产业功能区管委会筹建，新引进余家古寨等文旅项目7个，云顶水乡等重大旅游项目完成投资9.5亿元；打造"新旅游·潮成都"主题旅游目的地2个、A级林盘景区2个，麟凤村获评省级乡村旅游重点村；推动线上线下旅游融合，建成旅游大数据中心，成功策划"看雪山、观云瀑"系列活动，举办"云上采茶节""云上樱桃节"等节会，实现旅游综合收入45.2亿元。

（1）构建"川果"产业生态圈。

蒲江国家现代农业产业园依托18万亩晚熟柑橘、猕猴桃特色有机生产基地，建立农业废弃物资源化利用体系，引进和培育农业产业化龙头企业。蒲江雀舌、蒲江丑柑、蒲江猕猴桃三大公共区域品牌价值超过380亿元，品牌竞争力全部进入2020中国区域品牌价值榜单前50强。大力实施中国西南果都建设工程。蒲江国家现代农业产业园沿"成新蒲"交通沿线，聚合科创要素和服务功能，实施水果交易中心、电商企业孵化中心、水果博览中心等建设，打造集约高能的产业综合服务轴；引入社会资本强化产业链条，补充冷链容量，实施商品化处理中心、现代化标准冷库及智慧冷链物流大数据交易平台建设，打造现代高效的冷链储运基地。蒲江国家现代农业产业园以申通（西南）水果电商物流中心为载体，强化电商扶持和培育，提升完善县乡村三级电商服务体系，进一步巩固"买全川、卖全球"格局。

（2）推进要素供给制度创新。

蒲江国家现代农业产业园创新农村集体经营性建设用地利用方式，建立农村集体经营性建设用地入市制度，加快农村土地经营权、农业生产设施所有权、农村养殖水面经营权、小型水利设施所有权、非林地上经济林木（果）所有权"新五权"确权颁证；积极探索宅基地所有权、资格权、使用权"三权分置"等一系列用地政策。蒲江国家现代农业产业园深化农村金融服务综合改革，创新"政银担"金融支农模式，畅通"农贷通"金融平台，完善农村信用体系建设等；坚持内培外引，强化乡村振兴人才支撑，设立 5 000 万元人才专项资金，引进规划、文创、旅游、营销等领域高端人才投身乡村建设；设立"乡村振兴风险补偿金"，引导优秀人才返乡入乡创业，支持实施"现代农业+"项目 150 多个。

2020 年，蒲江全县农村集体资产股份化改革全面完成，累计完成各类农村产权交易 170 宗，交易金额 5.72 亿元；新增集体建设用地入市 20 宗 14.25 亩，共计 687 万元，宅基地使用权有偿腾退 20 宗 12.1 亩，共计 894 万元。

专栏 10：都江堰精华灌区康养产业功能区赋能生态圈发展

都江堰精华灌区康养产业功能区位于都江堰精华灌区核心区，既是都江堰市实践"两山论"的主阵地，也是建设美丽宜居公园城市的乡村表达。功能区涵盖都江堰市胥家镇、天马镇、聚源镇、崇义镇、柳街镇、石羊镇、安龙镇7 个镇，面积约 284 平方千米，耕地质量优良、自流灌溉水系保存完整。

作为成都市 66 个产业功能区的成员之一，都江堰精华蒲区康养产业功能区坚持"人城景业"融合发展理念，以建成全球重要农业文化遗产地及国际田园康养旅游目的地为目标，按照"理水、护林、亮田、植绿、彰文、兴业"的思路，统筹山水林田湖等资源，规划"双核双心、一轴双环、三带三区"的空间布局，构建"管委会+投资公司"的管理运营机制，发挥财政资金撬动作用，精准项目招引、项目促建，实施生态修复、林盘保护、大地景观营造等工程和项目，打造"绿道串林盘、秀水灌田园、产业融自然"的生态田园功能区，形成独具特色的农、商、文、旅、体、医高度融合发展的绿色生态价值体系和产业生态圈。

（1）以林盘景区化改造打造特色旅游环线。

在林盘景区化建设过程中，都江堰精华灌区康养产业功能区明确梳理了需要保护修复的1 768个川西林盘，并联合日本中央大学、清华建筑设计研究院等高校和科研院所的专家学者，开展了"新林盘"工作营，引入绿色、智能的川西林盘打造思路和路径，先期规划打造成都市级精品林盘8个，已建成灌区映像、川西音乐林盘、七里诗乡、拾光山丘等4个国家3A级景区林盘。林盘的景区化打造正成为推动生产方式变革的重要载体之一。其中，"川西音乐林盘"依托"茂林修竹""沟渠环绕"的原乡肌理和精华灌区传统农耕文化，植入音乐、艺术等现代元素，诠释天府文化；灌区映像林盘植入乡村产业研发中心、竹雕展示馆业态，开展文化研究、产品展示，促进非物质文化遗产的转化利用；七里诗乡林盘景区，以"诗"命名，吸引了著名诗人、作家成为"新村民"，引导村民成立柳风农民诗社，开展乡土诗歌集中整理、展示和创作，成功打造属于自己的文化IP。同时，为了实现各林盘景区的串联成网，功能区内规划建设约200千米绿道体系，目前已建成长约30千米的"天府原乡""七里诗乡""灌区映像"绿道体系，串联45个优质林盘，并形成三大乡村特色旅游环线。

（2）专业化运营催生乡村产业。

都江堰精华灌区康养产业功能区牵手专业化队伍，借助专业力量，打造乡村新兴产业，促进农商文旅体养融合发展。产业功能区充分发挥政府主导优势和企业创新优势，探索多元主体参与模式，积极盘活存量资源、存量资产，通过闲置房屋入股、资源入股等方式，做优利益联接机制，实现企业、村集体、农户共建共享共赢，激发乡村发展活力。产业功能区通过构建"管委会+投资公司"模式，由管委会负责项目招引和协调建设，投资公司负责与高成长性项目合作管理运营，形成高效推进的产业开发格局。产业功能区已与亿利集团、世茂集团、乡伴集团等世界500强企业、行业领军企业签约，引进亿利·稻花香里、乡伴·理想村、中诚邦·聚源耒谷等13个项目，总投资311.6亿元，初步形成了以天府大道为产业轴线的项目集中布局格局，并将通过灌区文化陈列馆、高科技治水博览园、世界水利工程技术博览园和自流灌溉体验园等全面展示都江堰精华灌区水文化。

此外，功能区依托清华电商学院搭建的"跨境电商交易"平台，开展特色农产品、文创工艺品、精品民宿等线上线下销售，切实提高"都江堰川芎""都江堰猕猴桃"等地理标志保护产品的转化利用，带动全市电商零售额突破50亿元，都江堰市被评为"全国电子商务进农村综合示范县"。

（3）模式创新提升共建共赢效能。

社企合作股权兴村。产业功能区探索推行"补改股"试点，引导集体经济组织与企业合作实施林盘打造，先行试点的天马镇禹王社区将932万元财政惠农补贴转化为集体股份，与社会投资合作打造"玫瑰花溪谷"乡村景区，撬动社会资金3亿元。

村民主体自主兴村。产业功能区引导农户组建乡村旅游联盟、集体资产管理委员会，共同参与乡村产业发展，柳街镇"黄家大院"82户农户通过组建乡村旅游合作社实施林盘打造，建成诗乡豆腐坊、诗乡茶坊等"诗乡七坊"，当年实现人均纯收入2.8万元。

企业主体市场兴村。产业功能区建立"国有公司+社会资本"合作机制，强化国有企业在基础配套、功能区建设中的主导作用，有力推动乡伴文旅·理想村等项目的签约落地、加快建设。产业功能区建设蓝城·文创小镇、七里诗乡国际音乐公社、国家农业公园、禹御九州等项目18个、总投资85亿元，特别是蓝绿双城·桃李春风品牌的入驻，带来一座融合江南风韵与川西风格的民宿群落。

8.5 成都市构建生态产品价值实现机制的实践进展

探索生态价值实现机制是"践行绿水青山就是金山银山"理念的关键路径，是在高质量发展阶段推动经济社会绿色转型的必然要求。成都市城乡融合发展试验区拥有优良的生态资源禀赋，探索生态产品价值转化实现机制不仅是平衡经济发展与生态环境保护关系的根本路径，也是推进城乡融合、实施乡村振兴的具体举措，还能为培育经济高质量发展新动力提供有力支撑。

8.5.1 生态产品供给能力与生态产品价值认知实现双维增长

随着发展利益与生态环境之间关联度的持续增强，生态要素在经济发展中地位的增长，成都市各地对于保护生态环境、转化生态优势等具有较强激励。如郫都区积极创建全国生态文明建设示范区；温江区万春镇幸福村探索将生态价值折算为集体资产股权，入股或转让给社会投资项目，从而推动了生态产品由概念到价值量、生态产品有价交易由理念到实践的开创性转化，突破了难以从财务和金融学的角度对生态产品财富属性进行认定的困境。

8.5.2 绿色空间塑造与"生态+农商文旅体"发展形成双向互动

成都市积极实施农业景观化、农村景区化建设，将大地景观再造工程作为实施乡村振兴"十大工程"之一，推进生态走廊、天府蓝网、城乡绿道、郊野公园、川西林盘等生态载体建设，为丰富生态产品供给提供了实物载体支撑。绿色空间塑造促进了"生态+农商文旅体"融合产业发展，通过建设大尺度生态廊道和网络化绿色空间，整体性地推进"林盘+产业园区+城镇"空间重塑，植入高品质场景和培育新型业态，促进了"生态+农商文旅体"融合产业的成长。

在制度设计上，成都市构建"土地增值、商业反哺"的投入产出"双平衡"机制，释放"生态投入—环境改善—品质提升—价值反哺"的良性循环效应，以多元融合产业收益确保绿色空间持续化运营，从而推进生态环境改善与多元融合产业发展协同发展、共生成长格局。

8.5.3 制度框架建设与生态产品价值实现路径创新取得双重进展

成都市积极推进建设绿色生态文明先行区，建立生态产品价值转化的制度体系。在自然资源资产确权上，崇州市、蒲江县等地开展了生态资源系统普查，初步界定河流、水面、林地等各类自然资源的权属边界。在价值核算上，崇州市率先探索川西林盘生态价值转化模型与核算体系；都江堰市选取川西林盘、湿地公园等具有区域特色的生态资源重点产品，开展价值核算。在平台建设上，成都市依托市场联合环境交易所开展用能权、碳汇权等交易，并逐步规范交易规则、交易程序等。

不断健全的制度体系为生态产品价值提供了基础条件，生态产品价值实现路径实现多元化拓展。一是创新横向生态补偿路径。创新依据出入境断面水量和水质监测结果等开展横向生态保护补偿。二是创新生态资源权益交易模式。都江堰市探索开展林业碳汇开发，率先在全国开展"零碳景区"探索，首创了"碳核算—碳披露—碳中和"零碳景区模式。三是创新绿色金融制度。发布绿色金融标准，成立绿色认证评估中心，建立成都绿色金融综合信息服务平台，创新绿色信贷、绿色债券融资等模式。

9 成都市推进城乡融合面临的
现实问题与阻碍

9.1 成都市城乡人口迁徙存在的主要问题

在城乡关系领域改革中，成都市已经取得了显著成效，在全国率先取消"农业人口"和"非农业户口"的性质划分，实现城乡"一元化"户籍登记，打破了人口由乡到城迁徙的政策壁垒。但是，随着城乡关系演进对人口流动提出新需求，城乡间人口迁徙出现了一些新的问题，例如户籍制度改革中出现的困境，以及作为人口迁徙的两大群体——"新市民"与"新村民"面临的问题等，亟须在城乡融合发展改革中予以破解。

9.1.1 本地农业转移人口市民化动力不足："出得来"的问题

早在 2003 年成都市就着力改革二元户籍制度，在全国率先推行城乡统一的户籍管理制度改革。此后，成都市不断放宽入户政策，剥离附着在户籍上的社会福利与经济功能。但是，目前全市人口市民化的意愿不足，常住人口落户城镇和农业转移人口迁户动力较弱。

一是常住人口城镇化率持续高于户籍人口城镇化率。据统计，成都市两个城镇化率之间相差 11.87 个百分点，其中郫都区达到 18.7 个百分点。这说明大量的农业转移人口常住城镇，但是并不愿意放弃农村居民的身份①。

常住人口和户籍人口城镇化率之间的差距还呈现出扩大趋势，常住人口城镇化率逐年递增，而户籍人口城镇化率却止步不前，以彭州市为例，2012 年

---

① 值得注意的是，同样是城镇化发展较为靠前的温江区，户籍人口城镇化率与常住人口城镇化率很接近，仅相差 4.42 个百分点，值得进一步研究。

两个城镇化率之差为4.76%，至2020年已经扩大到15.9%。

二是居住地与户籍地分离呈现常态化趋势。常住人口城镇化率持续高于户籍人口城镇化率的一个原因是，农业转移人口极少迁出农村的户口。如彭州市户籍总人口约80万人，每年以镇/街道为单位的户籍变更累计仅两三千例，而非城镇户籍转为城镇户籍的数量更少。迁户的原因仍然是传统的几大因素：①学历入户；②夫妻投靠入户；③未成年人投靠父母入户；④退伍士兵入户；⑤本市户籍全日制普通高校应届毕业生入户。户籍迁出的主要原因是：①夫妻投靠迁出；②被大中专院校录取和大中专院校毕业生需迁出户口的；③购房迁出。笔者在调研中了解到，近20年来，很少有自主迁户的案例。即使有，也是为了子女读书，迁出之后又迁回来了。

综上，基于户籍制度的人口迁徙管理面临的瓶颈是，农业转移人口缺乏迁户、落户动力，主要原因来自三个方面。

首先，外出农村居民对原村集体组织成员的权益有较高的预期。随着新型城镇化战略和乡村振兴战略的全面推进，农村的资源要素禀赋的现实价值或潜在价值显著提升，尽管本市农村居民落户城镇是可以保留所有村集体组织成员的权益，外出的农民仍然不愿意放弃农村户籍。部分原因还在于集体经济组织成员的权属界定不清楚，缺乏法律支撑，价值难以体现。农村居民面对这种不确定性，更愿意持观望态度，因而不会轻易放弃承包经营权和宅基地相关权益。

其次，本市农村居民以常住人口身份在城市居住也可以平等享受城市居民的基本公共服务。得益于成都市统筹城乡的改革，本地户籍的农村居民在城镇可以按常住人口身份更加平等地享受到各项基本公共服务，比如子女教育、社保接续、购房等。这进一步弱化了进城农民迁出农村户口的动力。因此，在各改革试验区都不同程度地存在居住地与户籍地相分离的现象。

最后，老一代农民仍然保留着对土地的特殊感情。在城乡关系急剧的变化中，老一代农民难以适应城镇化带来的生活方式的巨大转变。尽管社会经济环境改变了，但是一代人的价值观念和生活习惯不可能在短时间内同步转变，甚至会保持终身。由于农村产权是以家庭为单位，老一代人对自己房屋和田产持有特殊感情，也是农业转移人口仍然保留农村户籍的重要原因。

9.1.2 城市居民向乡村流动面临制度障碍："进得去"的问题

城乡人口双向自由流动既是城乡融合发展的必然要求，也是乡村全面振兴的实现路径。现阶段，成都市各地均出现大量人才下乡、市民下乡的新现象，这类群体也被称为"新村民",即离开城市并融入乡村的由城向乡迁徙的人口。值得注意的是,虽然人才要素开始流入农村,但是还没有形成较为稳定的机制,主要是靠地方政府行政手段推动,各地仍处于试点探索阶段,人口入乡仍面临制度性和非制度性制约。

首先,由城下乡的城市居民面临农村户籍制度和土地制度的约束。城乡居民的迁徙与居住权利是不对等的,尽管当前农村居民落户城市的限制正在被逐渐打破,但是城市居民落户乡村的通道基本上是关闭的。尽管在部分地区,城市居民通过租赁农房实现在农村定期居住,也有从事农业生产经营的现象,但是外来居民始终缺乏对农村社区的身份认同。居民由城到乡有流动,缺融合。关键因素是农村户籍制度、土地制度的制度约束。基于村集体组织的农村户籍制度与土地制度互为影响、相辅相成,承包地、宅基地的初始获得和集体收益的初始分配都必须依赖村集体成员身份的认定。目前成都市已经实现村集体成员身份固化政策,外来的"新村民"可以享受什么权益,是决定政策引导方向的核心问题。

其次,农村公共服务建设相对滞后,难以吸引城市人才长期服务乡村。尽管成都市在乡村建设方面有了长足的发展,有的明星村落甚至成为网红打卡点,但是从总体上来看,农村居住区在水、电、气、路、网等公共基础设施建设上仍存在较为明显的差距。农村居住区在文化教育、娱乐健身等公共服务设施配套不齐、供给不平衡,特别是在生活便利性和环境卫生条件等方面较差。在吸引城市人才方面,农村过于注重在产业项目上提供支持,而在农村社区高质量的公共服务供给上缺乏应有的关注。

最后,城市人口进入农村缺乏风险预判和相应的监测防控机制。当前,针对城市人口进入农村主要还是在激励和促进的阶段,对可能存在的风险还缺乏预判,还缺乏监测防控的制度设计。比如由于城市资本的强势地位,开放村庄后是否会产生"土地兼并",导致农村土地非农化问题,进而影响我国农村集体经济组织的基本制度安排。又如,农民在有偿出让土地权利后,一旦无法在城市稳定居住,可能导致的社会风险等。这些可能的因素从另一个方面为城市居民进入农村带来了不确定性。

9.1.3 市域外来人口市民化进程仍显滞后:"进得来"的问题

在成都市范围内,具有进城落户需求的人口主要来自成都本地的农村居民和来自成都市以外的外来人口两类群体。这两类群体都被计入城镇常住人口,也都存在居住地与户籍地分离的问题。如果说本地农村居民实现由农民向市民的身份转变是一个"出得去"的问题,那么外来人口的市民化进程则面临"进得来"的问题。

一是基于居住证的常住人口管理体制还不健全。成都市较早实施居住证管理制度,期望实现以居住证为载体,鼓励非城镇户籍居住证持有人落户,但是实际执行结果与政策制定的愿景还是存在一定偏差。如彭州市2019年城镇户籍人口为26.76万人,城镇常住人口为38.25万人,两者相差11.49万人。如果考虑到城镇户籍人口还有部分会流出本地,城镇常住人口会更多。按照政策要求,凡是处于人户分离的情况都需要在实际居住地办理居住证。因此在办理了居住证的6 469人中,既有外来人员,也有本地进城农业转移人员①。这个数与10万人以上的常住人口数相差很远。我们可以合理推测,有很多非成都户籍的外来人口并没有办理居住证,这部分人口处于居住地与户籍地分离的状态。由于常住人口中,只有一小部分人群办理了居住证,基于居住证的流动人口管理也就缺乏支撑。

二是"双轨并行"的落户政策没有体现出"并行"的效果。参考国内其他特大城市的做法,成都市在外来人口市民化方面实行积分落户和人才落户的"双轨并行"入户政策体系。在积分落户方面,成都市构建了居住证积分管理体系,以合法稳定就业、合法稳定居住为主要因素指标,确保社保缴纳年限和居住年限分数占主要比例,推动常住人口向户籍人口转变。"双轨并行"的落户政策较为突出的问题是,其执行结果存在明显的不平衡现象。比如在彭州市,实际落户基本上属于条件入户,积分入户只有零星的十来人;温江区的情况也类似,积分入户人数只占当年条件入户数的1.5%。值得特别说明的是,彭州市和温江区的案例具有较强的代表性,调研中发现,其他改革试验区也存在类似情况。尽管政策表述上强调,要实行差异化积分,按照"西控"产业发展导向,根据城市发展需要和区域综合承载能力合理调控积分入户规模,但是具体如何实施,如何调控入规模,还需要更多的政策分析。

三是外来人口享受公共服务的隐形限制仍然存在。外来人口在住房、社保、医保等方面与城市居民之间的差距明显缩小,特别是在社保购买和子女教育这两大核心福利上,已经能够享受到更优质的服务。但同时也要看到,在基于常住人口提供公共服务方面还存在若干隐性的门槛,亟须政策制度方面的更多的突破。比如,在随迁子女接受义务教育方面,强调的是"务工人员随迁

---

① 由于缺乏相关数据,不能区分居住证持有人中,哪些是外来人员,哪些是本地进城农业转移人员。但是考虑到成都市户籍人员在申请子女就读或其他公共服务时,不需要提供居住证,可以合理推测,居住证持有人主要是外来人员。

子女"，这就要求申请人提供《劳动合同》或工商营业执照，且需要交纳城镇职工基本养老保险满12个月，这些条件对于很多非正式非正规就业的劳动者来说是一个"门槛"。同时，需要提供《房屋租赁登记备案凭证》或《租赁备案管理》，以证明连续居住满一年，这在当前成都市的房屋租赁市场也难以办到。在社保参保方面，同样存在政策实际执行结果上的差别。根据积分入户政策规定，需购买城镇职工养老保险才能计分。但是实际上，在常住人口中，购买城镇职工养老保险的比例较低，客观上导致很大一部分常住人口被排除在积分入户政策之外。

9.2 成都市集体经营性建设用地入市改革面临的制度制约与现实问题

成都市推进农村集体经营性建设用地入市已经具备了一定的实践经验和国家层面的政策认可，改革推进具有良好的基础条件。但是，由于集体经营性建设用地入市改革是我国城乡土地关系的重大变革，涉及国土空间格局、城乡功能调整、乡村发展模式等一系列国民经济领域的重大问题，关乎多主体、多类型的复杂利益关系，改革影响深远、意义重大。基于此，必须准确把握改革推进面临的外部制约和内在问题，为全面深化集体经营性建设用地入市改革提出破题方向和对策依据。

9.2.1 法律政策层面的制约

作为一项先行先试的试验任务，集体经营性建设用地入市改革既需要基层积极探索创新，更需要得到正式制度的认可和指导。《中华人民共和国土地管理法》实施后，集体经营性建设用地入市得到了国家法律支持，但由于我国长期实行城乡二元土地制度，对集体土地实施以稳定为核心的限制性管理制度，因此与集体土地相关的法律规定基本遵循了这一原则，导致入市改革仍面临较多法律政策阻碍。同时，支持性法律和政策的表达较为模糊，各级政府关于入市操作性指导意见也尚未出台，地方行动缺少指导和约束，基层推进改革任务在一定程度上具有不确定性，也衍生出部分行为"失序""失范"的问题。

9.2.1.1 集体经营性建设用地的可入市空间范围面临法律约束

《中华人民共和国宪法》第十条规定："城市的土地属于国家所有"，但是改革任务要求建立城乡统一的建设用地市场，改革就必须突破城镇与乡村的边界，这样意味着城市范围内会出现集体土地。虽然广东等地已经在城镇范围内出现了大量集体土地，且因其复杂的历史原因而被默许，但城镇建成区内新增集体土地是否得到认可尚无明确规定。目前，成都市各地城镇规划区范围内仍采用征地模式，集体经营性建设用地入市尚未突破。但是，由于超大城市对非农生活生产空间需求的持续增加，越来越多的农村地区被纳入城镇开发规划范围，而城镇规划边界线外的农村土地除去禁止开发区、限制开发区、基本农田保护区等无法开发利用的土地外，实际上可供可开发利用的空间极为有限。如果不突破城镇规划建设边界限制，城乡建设用地同地同价目标很难真正实现。法律未明确集体经营性建设用地入市范围和空间导致的另一个重要问题是政府征地与集体土地入市间的冲突，如果不能明确农村集体经营性建设用地入市制度的适用空间，那么地方政府在预期不确定的情况下会加快进行土地储备，尽可能挤压集体土地在城镇范围内入市的空间，不仅强化城市与农村建设用地市场的分割，而且造成土地资源超前开发利用问题。

9.2.1.2 宅基地退出与集体经营性建设用地入市联动缺少政策明确

法律层面明确提出入市的客体是存量经营性建设用地，虽然国家层面没有明确禁止增量向存量的转换，但是也没有对各地相关探索做出明确回应，特别是宅基地向经营性建设用地转换、宅基地使用权流转范围等方面的规定缺失。《中华人民共和国土地管理法》第六十二条规定："国家允许进城落户的农村村民依法自愿有偿退出宅基地，鼓励农村集体经济组织及其成员盘活利用闲置宅基地和闲置住宅"，为宅基地转变为经营性建设用地留下空间，但是《中华人民共和国土地管理法》中提出退出宅基地并盘活利用的前置条件是"进城落户的农民"，由于成都市早已实现城乡户籍一体化管理，许多退出宅基地的农民并未将户口迁出本村，实践做法如何与法律规定相衔接的问题有待破解。

9.2.1.3 集体经营性建设用地入市程序仍缺少规范、权威的政策指导

成都市已经在集体经营性建设用地入市实践方面取得了较大进展，但是改革推进更多依赖地方对政策的认知和解读，这也导致不同地区入市进展有较大差异。现行《成都市集体建设用地使用权流转管理办法》等入市指导性政策于 2008 年制定，对于增量建设用地性质转换与入市程序、宅基地分割登记、集体建设用地供地后的监管问题等均没有指导政策，很难对新一轮入市实践给予有效指导。由于具有权威性的指导政策缺失，用地手续完善、产权登记办法、相关规划调整、交易规则制定、片区综合整治、收益分配、金融配套等具体操作主要由县级政府制定，缺乏公开合法的依据和标准。

9.2.2 入市实践存在的问题

集体经营性建设用地入市改革正在成都市西部八区（市、县）全面推进，各地也根据改革要求探索入市的多种方式和管理制度。由于缺乏相关经验借鉴和政策指导，加之集体土地领域改革涉及内容环节和利益关系较为复杂，各地在试验任务推进中均面临制度性或非制度性制约，也出现了一些需要引起关注的现实问题。

9.2.2.1 增量土地入市需要正式制度性认可和指导

各地已经实践了闲置宅基地向经营性建设用地转变的可行路径，国家法律和政策也有条件地认可了增量土地入市的合法性。但是，由于增量土地入市缺少规范性指导，在部分地区实践中已经暴露出一些问题和风险，包括：第一，宅基地退出中少数人权益保障问题。成都市各地在宅基地退出和村庄整理工作中，均严守农民利益红线，农民居住权和财产权得到了充分保障。但是由于宅基地腾退转变为增量土地入市需要土地形成一定规模，因此往往以居民林盘、院落为单位整体腾退，在这一过程中，各村组为争取项目落地会以多种方式反复劝说不愿腾退的居民退出宅基地，甚至将是否退出与相关福利政策挂钩，造成多数人对少数人利益的侵害。第二，抢占增量入市窗口导致乡村规划的临时性。为避免入市政策发生变化、抢占增量入市政策窗口，同时为了规避土地三调数据启用后集体建设用地的调整问题，不少村庄紧急启动村规编制，而规划往往是根据计划入市的土地项目编制，长期规划为短期项目服务的本末倒置无法保证规划的法律效力，也无法为村庄长远发展提供科学依据。

9.2.2.2 建设用地入市的供后动态监管制度待健全

各地政府部门对集体经营性建设用地入市均实施了严格审慎的审批制度，土地入市前需经过多个部门论证审批。但是入市后使用环节的相关监管制度尚未完善，土地供后管理体系尚在探索中。第一，前端审批周期性长。由于土地入市涉及农民利益和乡村发展等关键问题，且无完善的事后监督机制，因此政府部门需要对入市土地及用途做出详尽考察，导致入市审批周期普遍较长。集体经营性建设用地入市要在集体经济组织成员民主讨论通过后由村经由镇级政府审核后报县级部门考察审批，调研中部分村组干部反映，审批过程中"同一个事情要反复开几次会""审批太复杂，时间太长"。第二，部分土地使用者行为待规范。在集体经营性建设用地入市改革中，成都市严格禁止集体土地用于商业地产开发，在成都方案中更是明确了"不得发展别墅、会所、住宅类住宅项目"。但是乡村旅游文化旅游产业与会所、住宅等在实践中很难区分，部分地区已经出现以乡村旅游、康养、工作室等名义获得土地后建设别墅等地产项目的趋势，如果没有明确的区分标准和动态监管机制，在巨大的需求诱导下，土地利用中的各类机会主义行为将持续增加甚至加剧。

9.2.2.3 土地供求空间结构性矛盾破解的两难选择

除少数区位优势显著的近郊地区，大部分村庄的存量经营性建设用地和农民愿意退出的宅基地区位条件较差且地块分散，因此往往面临着入市土地供给与投资者需求间不匹配的矛盾。部分有条件的村庄通过土地"漂移"将分散地块归集为条件较好、规模较大的地块后入市交易，在一定程度上解决了土地供求矛盾。但是，大部分村庄都存在建设用地与耕地插花式分布的特征，虽然各地对于土地"漂移"使用、分散地块合并为整体地块的需求非常强烈，但在我国严格的耕地保护政策下，建设用地的空间调整面临极为复杂且严格的审批程序，土地归集利用的空间十分有效。现实条件制约下，集体经营性建设用地入市改革面临两难选择：如果严格限制土地空间调整，供需矛盾难以破解，抑制土地市场发育的同时会导致不同区位乡村严重分化；如果在保证耕地总量的前提下允许土地在村内灵活调整，那么就必须面对耕地质量下降的潜在风险。

9.2.2.4 土地二级市场发育滞后中，抑制融资体系发展

成都市提出了"推进农村集体经营性建设用地转让、出租、抵押二级市场建设，完善农村集体经营性建设用地二级市场交易规则"的改革目标，但是从西部片区整体情况看，集体经营性建设用地二级市场尚在孕育期，已经形成以成都市农村产权交易所为平台的市场载体，并明确了使用权再次流转的方式、程序，但是各地并未对土地再次流转的前置条件、审批程序提出指导性意见，在再次流转的税费征收方面，仅郫都区明确提出再次流转缴纳3%的调节金。虽然根据集体建设用地市场运行规律和各地关于土地流转后开发利用的规定，土地二级市场供给和需求均较少，但是随着土地交易特别是投资者需求较为强烈的分割转让等也并未有实质性进展。随着集体建设用地利用维度的拓展，二级市场发育不足将影响土地利用效率，特别是对集体建设用地使用权抵押融资体系发展造成直接影响。资产可流动性决定抵押物处置的难易程度，是金融机构是否愿意开展业务的重要影响因素。土地二级市场不发达意味着作为抵押物的土地使用权处置变现困难，对金融机构而言，抵押融资闭环关键环节缺失，业务风险较高，加之担保体系出于风险考虑而不愿承保，因此金融机构普遍缺乏参与主动性。在集体建设用地使用权抵押融资推进较快的地区，大部分采取了以行政手段推动本地金融机构参与的方式。

9.2.2.5 土地利用与乡村产业长效协同机制需完善

由于农村项目布局受限较多、产业开发条件有限，集体经营性建设用地入市后利用出现产业趋同问题。调研发现，90%以上集体经营性建设用地入市后都用于乡村旅游产业开发，其中又有绝大多数土地用于民宿、餐饮等旅游服务业。土地入市驱动乡村旅游迅速发展的同时，成都周边乡村旅游产业同质化问题已经显现，如乡村高端民宿、稻田（水上、院坝）火锅等成为乡村旅游产业的主要项目，但是从调研情况看，乡村人文等特色的产业植入严重不足，业主重硬件建设投入轻文化服务提升的问题普遍存在，导致产业仍处于低层次竞争阶段，随着入市土地的增加和在建项目投入运营，成都市周边乡村产业发展同质化风险亟待关注。另外，部分地区将财政项目与社会资本经营集体建设用地项目相结合，使项目向工商资本经营的地区集中。在乡村转型升级起步阶段，财政项目与工商资本相互结合以推动"村庄再造"的模式有其必要性和合理性，但是随着集体土地市场的发育，需要形成公平有效的土地利用效率评价机制，因此需要处理好财政、工商资本与村庄的关系，发挥市场在土地资源配置中的主导作用。

9.2.2.6 土地入市收益分配的规范性制度仍在探索

在成都实践中，郫都区率先以试点方式推进调节金征收，并规定剩余收益的80%以上用于基础设施等集体性支出，部分区（市、县）也规定了不同比例的土地调节金，并未明确要求集体提留比例。但土地增值收益调节金的暂行办法实际上已经在2017年年底失效，而收益调节金的征收依据、使用方式尚未出台明确的制度规范，各地征收的标准也存在较大差异。目前，《中华人民共和国土地增值税法（征求意见稿）》中将征税范围扩大到了集体土地使用权，也意味着调节金可能会转变为正式税收，这将带来地方财政收入的变化，但是目前各地并未做出应对调整，在税费缴纳主体上，各地均未明确集体土地增值收益调节金的缴纳主体，实践中往往由交易双方约定。最新实施的《中华人民共和国土地管理法实施条例》明确将"依法缴纳相关税费"规定为集体经营性建设用地使用者的义务，这一变化需要以规范政策形式明确，否则容易增加合约执行的不确定性。

在增值收益的集体内部分配上，集体、农民之间的分配方式及比例确定需要更加科学、公正的方法。如郫都区分配方案中确定土地增值收益的80%归集体，各地虽然规定集体内部民主确定提留比例，大部分乡村都将大部分收益作为公积金和公益金发展集体事业，这在乡村发展起步阶段具有客观必要性，但是制度化的分配规则缺失会形成较大的寻租空间，加之集体经济治理结构、财务制度尚在规范之中，土地增值收益的使用存在管理失范与分配失衡的风险。

9.2.2.7　集体建设用地入市中不同主体职能需明确

各地集体经营性建设用地入市实践中，集体经济组织、农民、政府不同主体职能作用的发挥仍存在一定问题：第一，集体经济组织作为入市主体的能力有待进一步增强。成都市在全域范围内完成了集体产权制度改革，但大部分集体经济组织仍在向现代企业制度转型，加之村级建制调整改革后部分村集体内部关系需要重新调整，因此，许多村组集体经济组织仍缺乏作为土地市场交易主体的能力，实际上依然由村两委代行职责；另外，大部分集体经营性建设用地入市都采取了使用权一次性出让的方式，集体经济组织与土地入市后开发利用的利益契合度较低，并未与土地投资方形成长期利益联结。第二，政府在集体经营性建设用地入市中职能作用的发挥面临两难选择。一方面，集体经济组织尚未完全具备入市主体能力，入市改革仍需要政府的强力干预和兜底，土地价值实现也高度依赖政府项目投入，政府需要以基础设施完善、项目配套等方式帮助乡村吸引社会资本进入，并通过国有平台公司进行土地储备等；另一方面，政府干预会造成土地入市偏离效率目标。政府更加注重项目的政治、社会效益，调研中发现，财政投入往往并未计入土地的成本收益核算体系，部分土地价格偏离实际价值。第三，行政手段在基层自治中的"越位"与"缺位"。在集体和农民自治能力尚在培育的过程中，许多乡村工作离不开行政指导，乡村自治也需要政策约束，否则容易带来小微权利监管难、村庄矛盾累积等问题。但调研中发现，部分地区在推进土地入市中存在行政与自治边界不清的问题——收益较高、矛盾较少的环节采用政府行政推动的方式，如项目投资、建设等技术性环节，而面对矛盾较为复杂的环节，往往要求村庄以自治的方式决定。

9.2.2.8　相关改革集成与部门工作协调机制待强化

集体经营性建设用地入市改革是一项涉及多项农村领域改革，需要多部门参与的系统性工作。在推进过程中，各地普遍存在改革协同性与部门联动性不足的问题。在改革集成上，各地均将宅基地制度改革与集体经营性建设用地改革联动，但是大多是以入市改革带动宅基地自愿有偿退出改革，而鲜有延伸至宅基地管理制度改革领域，如并未通过入市改革对一户多宅、超占违建、未批先建等问题进行实质性解决，宅基地腾退、入市等仍然是以各户实际占有土地房屋为准进行补偿或分配；在农村建设用地管理制度方面并未取得突破性创新性的做法，历史遗留问题、复杂矛盾仍然被搁置。另外，集体经济发展壮大、人才入乡等改革并未与土地入市协同推进，仅有零星村庄在土地开发利用中植入集体经济组织服务，或将集体建设用地作为吸引人才入乡的重要方式。

在部门协同上，在农业农村部门和规划部门机构改革职能重新划分的过程中，部门所承担的改革责任边界较为模糊。集体经营性建设用地入市目前仍由规划局负责推进，但是宅基地改革任务正在移交农业农村局，但部分地区尚未明确，这就导致改革任务推进缺乏牵头部门，职能职责尚在重新划分中，如关于宅基地违法查处的执法部门部分地区仍未明确。在土地入市后的产业发展中，也存在行政管理模糊问题，如农房转换为民宿的建设标准，蒲江县等仍沿用根据房屋层数标准确定主管部门的办法，如三层以上房屋由住建局指导监管，三层以下则农业农村局管理；彭州市对民宿审批采用了多个部门并联审批的方式。另外，目前各地最为关心的二调与三调土地数据间差异问题尚无明确解决政策。

9.3 成都市农村产权抵押担保权能实现面临的关键性问题

总体来看，成都市作为城乡融合发展试验区，在推动农村产权抵押担保权能实现上取得了突出成效和进展，金融支持乡村发展不断深入，但在创新推进过程中也存在一些不容忽视的关键性问题，制约农村产权抵押融资效能发挥。

9.3.1 农村产权流动性不足导致抵押担保权能实现基础不充分

农村产权抵押担保权能的发挥取决于金融机构能否有效实施取消抵押赎回权和农村产权的流动性。从当前农村产权抵押担保实践来看，由于农地、农房等农村产权特性，在抵押的农户或新型农业经营主体发生违约时，金融机构取消抵押品赎回权并通过二次流转变现都较为困难，主要原因在于农村产权要素流动性严重不足，无法像城市产权那样流通快、变现快，导致无论是现行法律已确认可以作为抵押担保物的农村土地经营权、林权、集体建设用地使用权，还是法律尚未认可作为抵押担保物的宅基地使用权等，通过二级市场变现都较为困难。且受制于农地制度的限定和约束条件，农村集体经营性建设用地入市市场发育不足，农村宅基地、集体经济组织股权等相关权益仍局限在农村集体经济组织内部流动，交易主体有限性进一步制约了农村产权的二次流转变现，较为局限的市场交易空间大大制约了农村产权的信贷获得机会。

9.3.2　抵押担保产品创新不足无法满足乡村产业振兴新需求

成都市在推动农村土地融资支持新型农业经营主体产业发展资金需求上进行了多种创新尝试，但随着乡村振兴发展催生出多种城乡融合新业态，也吸引了更多社会主体返乡创业，既有的农村产权融资供给已无法满足乡村振兴发展下新型农业业态融资需求，金融供给和需求的精准匹配和契合程度还不够，与农业产业发展的实际需要还存在较大差距。第一，在传统农业转型升级信贷需求方面。围绕集中在种植、养殖及农产品加工流通、园区建设等传统农业转型升级信贷供给不足，这类新型农业经营主体的大量投入凝结在设施农业用地、大棚养殖圈舍及活体动物、农产品加工设施上，而目前这些生产经营性实物资产确权颁证机制仍不健全，资产权属不清，难以形成可供抵押贷款的资产，产权融资权能受限。第二，在新产业、新业态融资需求方面。集中在休闲农业、乡村旅游等业态的宅基地使用权、集体资产股权金融资产属性发挥不充分，多数地区已经建立了相关抵押融资的基本制度架构，但受限于相关制度制约及二级市场缺失，这些农村产权抵押融资功能尚处于"虚置"状态。由于农村产权融资权能受限，成都市西部片区尚缺乏在推进以林权、水权、生态补偿收益权等为抵质押物的特色生态信贷产品。

9.3.3　"农贷通"平台金融服务供给能力仍有待提高

"农贷通"平台在系统化推进农村金融服务机制上取得了重大突破，成为当前农村金融需求供给、创新的重要载体。但实际调研发现，"农贷通"平台金融服务有效供给仍显不足，整体上仍处于初步建设阶段。从"农贷通"金融服务平台构建来看，金融机构入驻率普遍不高，且通过"农贷通"获得融资贷款80%以上来源于成都农商银行，其他商业银行、小贷公司参与积极性不高，关键在于非政策性金融机构参与农村产权抵押的积极性不足，农村产权抵押融资风险高，加之以"农贷通"平台为载体风险补偿金申报程序烦琐、周期长，需经属地"农贷通"平台审核、市农村产权收储公司初审、市"农贷通"平台建设联席会审定，具有严格的申请时间和期限限制，无法满足金融机构低成本、高收益的市场化运行目标。

9.3.4　产权价值评估机制不健全，影响产权抵押融资效率

由于区域地理条件、耕作习惯、物价因素、农作物生产成本、经济效益等巨大差异，农村产权价值很难建立统一的评估标准，在农村产权评估方面尚未

形成统一的标准和规范的程序，在评估技术规范、行业准则、专业评估机构和评估人才等方面仍存在真空地带。目前成都市各区（市、县）相关农村产权价值由贷款农户或新型农业经营主体和涉农企业与金融机构协商商定，极易出现价值不平等的现象，抵押物价值评估的认可度和权威性还有待提高。由于农村产权的自然特性，其自然风险和社会风险都相对较大，农村产权价值极易发生变动，间接增加了金融机构介入农村产权抵押融资风险。而对于集体经营资产股权，尚缺乏股权价值认定的专业资质机构，在抵押贷款中存在价值评估盲点。

9.3.5 内生性金融组织缺乏导致农村产权抵押担保模式单一

当前农村普惠金融更多依靠政策性金融机构推动，金融服务三农的深度和广度还远远不够，未形成市场化、可持续性运行模式。尤其在当前推动农村产权抵押担保方面，以政府推动、金融机构和担保机构参与农村产权抵押担保模式仍显薄弱，未从根本上破解农村产权抵押融资信息不对称下的高信用风险、处置变现难的高流动性风险。相比之下，内生性金融组织在推动农村产权抵押担保方面具有相对优势，内置于农村社区内部的金融机构能凭借其在人员结构和服务对象方面的天然地缘纽带和熟人机制，建立起特有的风险识别和防范体系，且在抵押物处置方面也具有较好的灵活性。成都市内生性金融组织以村镇银行、农村资金互助合作社发展为主，但当前发展比例较低，资金供应难以满足城乡融合发展条件下多样化、大量的资金需求，且目前也暂未涉及农村产权抵押担保业务。

9.4 成都市城乡产业协同发展面临的主要问题

当前，成都市城乡产业协同发展仍处于破题阶段，加上产业体系又是一个不断发展和完善的过程，深层次问题与矛盾会随着地方改革的实践进一步显露，政府有必要结合地方实际情况，不断探索适合本地城乡产业协同发展方式。总体来说，对照"人城产"融合发展要求，成都城乡产业协同发展在迭代升级过程中面临着六大难题。

9.4.1 产业发展支持政策整合尚待优化

成都市部分地区依然存在城乡产业协同发展平台在规划阶段功能定位不明

晰，发展方向不明确以及后继乏力的问题，这就导致产业平台建设未能有效考虑区域资源的合理使用，加之行政壁垒依然比较牢固，缺乏必要的产业功能配套和有效的社区管理模式，导致其对区域经济发展的辐射与带动作用受到较大限制。与此同时，产业平台建设还受到较明显的政策约束性：第一，产业政策弹性空间难以扩大。部分地区政策边界的过度严控在一定程度上抑制了乡村新产业新业态和产业融合发展，产业所需的建设用地指标极难获取，一些上档次、上规模的产业化重大项目难以落地，迫切需要研究如何依法依规解决城乡产业融合用地难问题。如在温江区调研中发现，城镇建设用地和村庄建设用地缩减，乡村产业项目的发展空间受到明显挤压，在重要生态区实行"拆二建一"，致使产业项目用地减半、成本翻倍，极大地影响了市场主体参与产业项目投资意愿。第二，促进城乡产业融合的政策导向不明晰。城乡产业融合政策的动态调整速度明显滞后于新产业、新业态与新模式的出现和扩散速度，特别是相关于户籍制度改革、农村宅基地有偿有序退出政策、农村集体建设用地与国有建设用地"四同"（同权、同地、同证、同价）政策、集体经济组织成员权确定、生态资源资产评估等配套政策跟进较为滞后。第三，部门间存在利益冲突，政策协同推进机制尚不健全。城乡产业融合涉及多产业和多业态交叉融合，由此涉及农业、规划、商务、文旅、环保、科技、财政以及市场监管等多部门权责交叉，各部门在制定产业融合政策方面，多侧重于强调本部门诉求，容易忽视城乡产业融合自身发展需求。由此导致在产业平台建设运行中，也存在着与职能部门不够协同、与乡镇（街道）不够融合的问题，各个平台建设运营多处于"单枪匹马"状态，平台之间合作交流、共建共享机制尚不完善，扩区域协作性不强，统筹经济发展事务的机制仍待进一步完善。此外，以产业平台为载体推进乡镇（街道）区划调整，还容易导致被合并乡镇（街道）发展边缘化和公共服务虚化等问题的产生。第四，平台政策存在片面性与城乡产业融合发展的可持续性相矛盾。产业融合牵涉到诸多群体的利益，特别是广大农民的经济利益，落实城乡产业融合的每一项政策都会出现牵一发而动全身的现象。实践中，产业平台发展政策与多元主体发展诉求不相契合的情况较为普遍。如部分产业政策的制定与市民下乡创新创业、居住生活的新需求不相适应，造成农村闲置宅基地与农房得不到有效利用；部分产业政策追求高大上的项目引入，与乡村居住民发展诉求产生了较大偏差，甚至对其生存空间和生活方式造成挤压。这些"片面性"的发展政策，抑制了产业平台的可持续发展。

9.4.2 城乡融合发展的产业能级支撑不强

从现代农业产业功能区（园区）实际建设推进情况来看，产业功能区在吸引产业方面仍侧重于数量，产业能级不高、规模效应和集聚效应不强、整体竞争力弱的问题较为突出，难以形成持续发展动力。第一，农业产业链纵向延伸方面，产业链条短、附加值偏低。成都市农产品加工产值和产能长期徘徊在副省级城市中下水平，2019 年成都市农产品加工业产值与农业总产值比例仅为 1.6：1，与全国水平还有不小差距，相比于浙江（3.15：1）和江苏（3.2：1），差距更是明显。大部分农业经营主体都是进行原料生产或农产品初级加工，农产品就地加工利用率和精深加工率均不高，高附加值的农产品加工更是少之又少，农产品区域公共品牌无一进入全国百强，与居民追求的绿色、健康、便捷、高端的农产品消费诉求差距明显。第二，农业与关联产业横向拓展方面，产业之间融合度较低。"农商文旅体养"简单叠加、浅层融合现象突出，多地城乡产业发展平台的建设未能瞄准市场进行融合性布局和个性化、特色化业态开发，沉浸式、体验式的新场景培育不够，融合业态低端化、同质化问题突出，产业项目多以"微场景""小游园"方式呈现，缺乏代表性和引爆性项目，未能形成虹吸效应和集聚效应，导致产业能级支撑不够强、配套水平不够高、创新效益不够好、高水平产业协作不够紧等问题较为突出。第三，要素资源盘活模式相对较为单一。在要素资源盘活推动城乡产业平台建设方面，产业功能区主要依托宅基地整理作为单一方式，在建设用地指标紧缺情况下，项目开发模式十分趋同，大多项目停留于乡村观光、旅游地产和餐饮住宿层面，或者盲目上马古镇搞仿古开发，为拉投资而降低了工业门槛，忽视了乡村资源的深度开发和长期发展。同时，对于高质量要素，如生态环境、知识产权、人文历史、风土乡俗等触及不多、潜力挖掘不充分，难以形成城乡高质量融合之势。第四，支撑产业融合发展的社会化服务体系和配套服务明显缺失。一方面，当前城乡产业发展平台难以为分工日益细密、复杂度持续提升的融合产业提供有效的社会化服务支撑。另一方面，大部分城乡产业发展平台缺失配套功能的承载空间，生产型与生活型功能配套均显不足，如农产品加工所需仓储、冷链物流配套设施严重不足，休闲旅游接待大厅、停车场、公共厕所、餐饮等基础设施明显匮乏，机会用地又存在点位不佳、尺度偏小等问题。

9.4.3 产业集群辐射带动能力较弱

从成都城乡产业协同发展实践来看，功能和要素的嵌入性和根植性明显还不够，产业平台辐射带动能力较弱。具体表现在：第一，各类产业融合载体如特色镇、林盘和园区等规划建设的同质性、同类化较强。部分地区产业发展未能有效结合当地经济、文化、社会等实际情况，特色元素和个性体现不突出，部分地区建造过多人造景观和追求高档次、高消费，使环境和设施过于人工化和商业化，在产业特色、建设风格和文化风貌上缺乏地域根植性，即便形式上看似热闹，也因品味和文化内涵不足而缺乏魅力，集成度高的应用示范场景和高端化载体数量明显不足。第二，政府干预性较强，市场作用相对受限。在城乡产业融合平台建设实践中，市场在开发建设的资源配置中没有发挥好基础性所用，平台建设前期行政指令多于行政指导，后期行政约束多于行政激励。由此也导致政府为企业背书，政府成为工商资本跑路后的"冤大头"的现象时有发生，这些做法一定程度上扭曲了要素、产品和服务的正常市场价格，干扰了农户联接机制的市场化形成，经常会出现业主与农户均不合意的情况，政府"鼓励支持"往往成为农户利益联接机制"流于形式"的主要推手。第三，产业集群成链效应尚不显著。如尽管已形成7大现代农业产业功能区，但覆盖范围有限，功能区内市场主体发育不完善，具备初加工、粗加工能力的中小企业与家庭作坊依然占据主导地位，缺乏具有品牌竞争力和市场竞争优势的大型农业产业化龙头企业，加之供应链体系、运营服务体系和支撑保障体系等社会化服务体系不完善，难以形成明显的行业聚集度和竞争力，更难以承担起对广大农村腹地经济发展的辐射和带动效应。第四，城乡产业发展平台引入项目辐射能力弱。多地产业平台对于引入的项目质量缺乏评价和考核标准，部分项目甚至存在与地方资源、环境及发展需求相背离的情况。并且，这些项目往往更注重企业和业主利益，采取土地流转补贴、基础设施配套、对口技术服务等方式对入驻工商资本予以支持，但对地方农民和集体经济组织的培育带动支持不足，在多元经营主体利益联接方面缺乏明确、规范的机制或政策设计，对部分农户甚至产生了一定挤出效应，如部分农业产业园区的农民收入增长速度甚至还比不上周边地区农民收入的增长速度，抑制了农户参与产业平台建设的积极性和主动性。

9.4.4 城乡要素空间权利不对等

近年来，成都市多地出台了一系列强有力的推动城乡产业发展平台建设的帮扶政策，给予了大量的基础设施、基本公共服务等方面的资源支持，但受制于长期二元体制机制的影响，城乡要素产权制度间的空间异质性依然较为固化，抑制了平台主动"造血"能力。第一，各类城乡产业融合载体用地约束问题难以有效解决。尽管成都市实施了一系列土地制度改革，但在建设用地指标趋紧的情况下，乡村建设用地指标更是少之又少，农产品加工、仓储、设施农业等用地供给不足；休闲农业、乡村旅游等所需的休闲度假场所建设不足，配套建设用地更是明显不足，成为导致项目开工落地率偏低、龙头项目数量偏少的重要原因，限制了产业功能区、园区等载体的发展与升级。另外，经营性建设用地、公益性建设用地和农村宅基地交相错落，三级所有的农村集体土地产权关系相互交叉，土地产权权属边界复杂混乱，再加上土地规划的刚性约束，导致存量集体建设用地少而散的局面十分普遍，不具备规模化入市交易的条件，资产盘活面临较大限制。第二，财政与金融支持乏力且效率偏低是突出短板。城乡产业协同发展平台的建设以及日常生产运行需要投入大量的资金，农业项目投入大且回报慢，项目资金到位较慢，社会资本普遍缺乏足够积极性，国家、省还未设立产业功能区（园区）发展专项资金，各区（市、县）都是通过整合各种涉农资金对产业功能区（园区）进行建设，加之受制于部门管理不一、项目资金条块分割、各自为政等影响，导致很多项目建设方向与产业功能区（园区）需求不一致，很难建立起长效激励机制。与此同时，各类经营主体在设备购置、基础设施及生产基地扩建等方面的投入融资需求往往难以得到有效满足，缺少抵押物或抵押物不符合金融机构要求的现象十分普遍，虽然如彭州市、温江区等地打通了以农产品仓单、农村承包土地经营权等为代表的农村产权抵押融资的实施路径，但在实践中，农村产权抵押贷款额度依然提升缓慢。究其原因：一方面，对各类可抵押的新型农村产权如农业生产设施所有权、林木（竹、果）权、养殖水面经营权、集体资产股权等确权颁证力度还不够；另一方面，农村产权市场交易链条尚不完善，农村产权价值缺少科学的评估方式，加之市场交易品种偏少、产权抵押及处置极为困难、农民产权交易意识薄弱，农村产权要素价值难以有效释放。以崇州市为例，截至2019 年年底，崇州市累计完成交易 55 宗，交易规模 22.5 亿元，其中农村土地综合整治 4 宗，交易规模 21.24 亿元，占总交易规模的 94.4%，未完全统计的未入场土地经营权交易 150 宗，交易规模约 2 亿元。也就是说，农村产权入场规范交易并未完全形成，产权交易的价格发现、鉴证以及市场化处置机制还未真正发挥作用。第三，科技、人才等现代要素支撑能力亟待增强。尽管成都市不断强化科技创新与技术服务水平，但农业科技进步贡献率低于上海 15 个百分点，也低于武汉和南京 10 个百分点；农业先进要素集聚水平为 67%，较上海低了 16 个百分点。第四，与城乡产业融合发展相适配的人才"引育留"体系尚未有效建立。2019 年，全市乡村从业人员共 148 万人，农业职业经理人占比仅 1%，新型职业农民占比仅 2.1%，农业实用人才 16 余万人，较宁波少了 20.8%，城乡产业融合发展亟须的专业型、复合型人才（文创、规划、营销、设计等）明显缺失，能够真正沉淀于乡村且致力于产业发展的创新性人才更是少之又少。

9.4.5 城乡产业经营主体间合力不强

城乡产业协同发展平台的建设实施主体涉及企业、一般业主、合作社、农户、科研院所等多类别主体，但受制于各类主体目标诉求不一、职能分工不明等影响，经营主体之间缺乏合力，他们不会对整个平台发展"一盘棋"考虑，抑制了产业链、产业载体与经营主体之间的协调发展。第一，一些产业化龙头企业长时间大规模介入农业生产经营领域，易对小农户造成"挤出效应"，对于年龄大、体质弱、非农就业能力弱的农民的就业与增收影响尤为显著。尽管部分工商资本与小农户之间存在某种契约关系，但小农户通常仅能获得固定和廉价的地租或工资收入，农户参与增值收益利润分配现象较少，工商资本对小农户参与经营的正向激励明显缺乏，也只有在企业利润最大化前提下才会以涓滴效应惠及农户，小农户在从事由工商资本介入的乡村产业中基本没有自主权。第二，由工商资本介入的乡村多元产业和多种业态之间缺乏协同性。多元产业和业态之间"平行式""割裂化"特征突出，龙头企业、合作社、家庭农场以及小农户等多元主体之间难以有效构建起利益同盟或产业协作关系，特别是企业让利农户、农民合作社、集体经济组织的动力不足、共担风险意愿也不强，产业融合发展的增值收益基本被参与融合发展的工商资本所攫取，工商资本带农增收实际成效不明显。由此，松散的利益联接机制和低廉的收益会降低农户参与产业融合的意愿，农户看到经营主体获利后会更加倾向于缩短土地流转合同的年限或抬高租金，由此将降低准备发展产业融合项目的经营主体的投资意愿。第三，较多业主存在跟风投资的现象，但由于对农业属性、农业投资的复杂性、长期性和风险性缺乏深刻认知，产业同质化竞争严重，地方政府引入项目过程中的主观性较强，"重招商、轻监管"现象依然较为普遍，很多项目易沦为形象工程，"烂尾跑路""毁约弃耕"的情况时有发生，其造成的损失又常常由农民承担。

9.4.6 集体经济组织功能弱

尽管成都市在农村集体产权制度改革工作上走在全国前列，但通过对产业平台的实际调研，笔者发现成都市农村集体经济发展不充分、不平衡问题依然突出。第一，村（社区）合并调整后，受地域、交通和自然资源禀赋差异等影响，部分合并村在股权设施、收益分配上存在较大差异。合并村（社区）的集体经济融合难度较大，而开展突破集体所有权边界的联合与合作，需要付出较高的行政成本。加之农民群众对合并后村集体经济组织认同感并不高，对于农村集体产权改革的知晓度普遍不高，集体经济组织之间完全融合存在较大困难。第二，客观上存在产权制度改革和集体经济发展区域不平衡和不充分的问题。部分区（市、县）集体经济受益于土地增值和城市人口等资源溢出效应，产权制度改革推进较快，有些除了上级"规定动作"，还做了深入探索的"自选动作"。集体经济发展也存在明显的区域不平衡性，以温江、都江堰等地为例，逆城市化的消费和居住趋势较为明显，物资、资产租赁、服务及劳务等经营活动所获得的收入较高，村集体收入相对较好；而在农业比重较高的区（市、县），如蒲江县、崇州市等产业功能区，项目引进较少，即使开展了集体经营性资产股份化改革，集体资产管理和市场化运作水平依然偏低。2019年崇州市村集体经济收入为 22 663.4 万元，其中经营收入为 165.8 万元，仅占0.7%，村集体经济组织中，有资产、无经营性收入的比重高达 62.3%，有收入的村集体经济组织，经营性收入在 1 万元以下的占 29.1%，1~5 万元的比重占 51.2%，村集体经济经营性收入规模总量小，凝聚带动能力弱。第三，农村集体经济发展模式较为单一和刻板，集体资源资产市场化运作能力弱的问题突出，薄弱的集体经济与其所赋予的重要地位不相匹配。目前，产业平台建设过程中发展村集体经济的做法多是发展民宿业、物业经营或是办农家乐，项目或产业档次较低、特色不强，加上受制于市场需求有限，集体经济收益面临着不确定性和不稳定性，很难与大市场有效衔接。与此同时，集体经济收益对财政依赖性较强，补助收入比重逐年攀升，经营收入比重徘徊不前，表明集体经济的自我"造血"功能明显不足。同时，农村集体经济收益对农民收入影响并不大，随着成都市农村居民可支配收入的不断提升，其对集体的依赖性也将进一步趋弱，农民与集体关系也相对淡薄。

2014—2018 年成都市农村集体经济组织收入结构见表 9-1。

表 9-1　2014—2018 年成都市农村集体经济组织收入结构

单位：亿元

指标	年份				
	2014 年	2015 年	2016 年	2017 年	2018 年
总收入	29.53	34.45	35.38	38.16	37.95
其中：经营收入	2.32	2.14	2.95	2.96	2.79
发包及上交收入	3.34	3.47	3.71	4.18	3.91
投资收益	0.14	0.13	0.16	0.15	0.55

表9-1(续)

指标	年份				
	2014 年	2015 年	2016 年	2017 年	2018 年
补助收入	7.56	7.58	9.99	13.06	11.40
其他收入	16.17	21.14	18.57	17.82	19.29
总支出	24.82	29.49	29.18	29.67	26.26
总收益	4.71	4.96	6.20	8.49	11.69

数据来源：成都市农业农村局。

9.5 成都市生态产品价值实现面临的主要问题

成都市西部片区在健全生态产品价值实现机制上取得显著成效，生态要素正发生着由隐性到显化的转变，其重要性日益凸显，但仍然存在以下问题。

9.5.1 生态产品价值实现多元化路径探索与基础制度建设不足之间的冲突

由于生态产品的多维性、复杂性以及存在状态的无形化，突破目前以"生态+农业""生态+农商文旅体"等为主的生态资源产业化开发模式，进一步探索生态资源权益交易绿色金融等生态产品多元化实现路径需要构建有利于在虚拟市场开展权利交易的整套制度和技术体系，突破生态产品无法充分显示价格、无法实物交割的约束。总体上，制度建设仍显滞后，无法满足生态产品价值显化的严苛制度条件。

第一，自然资源资产产权不健全。《成都市自然资源统一确权登记工作方案》（成府发〔2020〕12号）明确了自然资源确权工作推进截止日期为2024年，自然保护区、江河湖泊、森林湿地等自然资源统一确权工作尚处于实施阶段。农村集体产权制度改革成果的转化应用不足，多数村集体对其所属的承包地、林地、滩涂、荒地等土地的所有权地位实现不充分，其所供给的生态产品在市场交易中未得到认可，例如，多数未明确村集体所供给的生态产品在农商文旅体融合产业开发收益中的分享方式、分享比例。

第二，生态产品信息不完善。生态产品普查在各区（市、县）尚未全面开展。对生态产品类型的具体类型界定不清晰，不仅造成了社会各界对生态产品的认知障碍，也对摸清生态产品底数构成了制约。生态信息普查的网格化监测体系、动态监测制度等尚未健全。

第三，生态产品价值核算范围不全面、标准不一致。各区（市、县）已开展先期生态产品核算探索，但各地区开展生态产品价值核算重点围绕当地的特色生态产品开展，不仅未对各类生态产品进行全方位、系统性的核算，也难以避免各区（市、县）在生态产品价值核算的指标选择与赋值、计算方法等不一致。缺乏统一权威的价值核算标准将导致核算成果难以得到相互认可，后续构建跨区域生态产品交易市场会面临障碍。

9.5.2 生态产品供需双向增长与生态产品交易协调机制建设滞后之间的冲突

成都市西部片区生态产品服务能力持续增强，生态产品价值持续积累。同时，生态要素和生态系统产品服务的稀缺性不断强化，无论是林业碳汇、水源涵养等调节服务，还是生态文旅等文化服务，再或者是生态农产品等物质供给服务等，均有着较大的需求空间，构建促进生态产品供需精准衔接的平台、完善交易制度显得尤为必要。

第一，对于生态资源权益而言，西部环境资源交易所尚处于建设完善之中，排污权、用能权、碳汇权等交易信息披露、交易监督等制度需要完善。对造林管护、天府绿道、川西林盘、湖泊湿地、测土配方施肥等项目碳汇的审核认定、确认等登记等制度有待健全，多数景区、乡村酒店等尚未纳入"碳汇天府"运营平台，供给不足和需求较弱导致碳中和消纳推进滞后。

第二，对于物质供给类生态产品而言，成都市生花卉苗木、蔬菜等农产品虽具有品质优势、规模集群优势，但能体现区域行业中心地位的交易平台建设较为滞后，林产品的出口障碍依然存在，产业链条不完整制约了生态价值通过农（林）产品溢价增值来转化实现。

第三，对于文化服务类生态产品而言，虽已分批次发布川西林盘、特色镇等投资机会清单，但尚未将各类投资机会纳入统一的信息化平台，实行常态化招商，一定程度上存在"点对点"的招商方式，信息不对称不仅导致投资主体难以准确把握投资机遇，也带来竞价交易机制缺失，生态产品价值显化不足。

9.5.3 "生态+农商文旅体"融合产业升级与空间协同性仍较不足之间的冲突

成都市较为重视"生态+农商文旅体"融合产业发展的空间协同支撑，以避免产业同质化和促进高效率的产业生态圈形成，但空间协同的广阔度和紧密度仍滞后于产业升级发展需求，体现在产业联盟、产业化联合体等新型组织形态存在着数量少、内部利益联接不紧密等问题，由于缺乏将零散化生态资源集中化收储的平台载体，也就意味着无法高效率地对接市场和引入运营商，以促进生态资源向资产、资本转换提升。原因在于，相对于其他地区，受制于生态管控、土地资源禀赋等因素影响，成都市的土地分散化问题更为突出，转变产业组织方式的难度也更大。

第一，生态管控导致可利用建设土地面积下降。"西控"战略实施进一步导致可利用建设用地数量下降和加剧地块零散化。如温江区的园区禁建区、限建区、防止城市粘连带、高压线走廊等五大管控地区总占地 55.6 平方千米，占比高达 34.4%，重要绿隔区均需"拆二建一"，造成产业项目用地成本提升，影响市场主体参与项目投资意愿。都江堰市 85% 的市域面积被划定为自然生态环境区。

第二，农村集体建设用地分散化问题较为突出。在"生态+农商文旅体"融合产业发展中面临着较为突出的村域内建设用地数量少、土地空间结构性矛盾等问题。如崇州市户数小于 40 户的中小林盘占比达 90%，在林盘开发建设中不仅可利用建设用地有限，而且可利用的农房、宅基地和集体建设用地较为零散，在空间布局上与项目建设需求之间存在位置上的结构性矛盾。如若通过指标异地转移实现地块优化配置，则面临着较为复杂的调整程序，且多数村缺乏村规作为支撑依据。

9.5.4　农业绿色发展要求与品牌价值牵引覆盖不足之间的冲突

成渝现代特色农业带建设要求和基础立地条件决定了成都市西部片区农业发展不能强调以量取胜，要走高端化、特色化、精品化发展道路，尽最大可能地将绿色理念、绿色技术贯穿农业生产全程，通过绿色品牌赋能使生态产品价值在生态农产品市场利润溢价增值中得到体现。成都市积极建设农产品品牌孵化平台，开辟了"农业+产业+设计"的全新品牌孵化模式，对于提升生态农产品市场影响力起到了重要作用。但总体上，生态农产品的品牌诱导对生态农产品的价值牵引和价值实现功能较为有限，品牌诱导力不足造成部分农产品"加工链"延伸和农业生产体系改良缺乏重要的逆向牵引力，生态要素难以通过生态农产品交易实现价值。

第一，农产品品牌孵化链不够完整。通过引进和集聚设计团队、电商、物流企业等可以部分解决农产品品牌孵化链不够完整的问题，但品牌设计、宣传等后端环节仍需完善，标准贯彻、质量认证、质量监管还需被纳入统一的品牌孵化链体系。例如，笔者在郫都区广福村调查发现，该村韭菜产业虽品质优化、规模连片，但有经营业主反映绿色和有机农产品认证却面临着成本高、程序复杂等问题，限制了其市场竞争力提升。

第二，农产品品牌增值的惠及面不均衡。小农户在连接产业链上下游、经营管理、生态认知等方面存在较大差距，生产绿色和有机农产品动力不足，面临困难更多，难以分享绿色认证和品牌提升所带来的增值收益。郫都区乡村振兴基线调查数据显示，经营面积5亩（1亩≈667平方米）以下的小农户的种植绿色或有机农产品认证仅43户，占比为7.8%，比经营面积50亩以上的规模经营主体的占比低22.2个百分点。因经营规模小导致认证不划算、不了解相关技术和知识是小农户绿色或有机农产品认证率偏低的主要原因。

9.5.5 生态补偿需求与生态补偿方式不平衡之间的冲突

"西控"战略实施和生态走廊、饮用水源保护地、大熊猫国家公园等生态工程建设导致产业准入、房屋建设等受到限制，不仅在一定程度上损害了成都市西部片区居民的生计，也给区域发展发展带来了限制。调查发现，饮用水源保护地、环城生态区等生态涵养地的政府和群众对强化补偿持续性，满足其现实发展需要，拓展多元化补偿模式具有较大期待。

第一，生态补偿力度不足。生态补偿力度较为不足成为生态保护贡献区反映较为突出的问题。但因无法对生态产品价值进行有效评估，导致生态补偿标准动态调整缺乏基本依据，生态补偿水平难以适应生态产品价值增加、货币购买力等动态调整。同时，市区两级财政支付分担机制不够健全，导致财政投入力度较为不足。

第二，生态补偿方式单一。调查发现，饮用水源保护地和环城生态区的村（社区）和居民具有依托生态本地优势、农业产业优势，盘活存量宅基地、承包地等资源发展生态旅游产业较强需求，但目前生态补偿以财政补助为主，结合产业发展需求，采取有所针对的产业扶持、人才培训等多样化补偿手段探索还较少。对环城生态区、饮用水源地等生态搬迁主要以住房补偿为主，较少采用就业补偿、产业补偿等多元化补偿手段，不利于生态移民可持续生计的保障与改善。西部片区与成都市其他各区（市、县）之间的用能权、碳汇权、排污权等横向生态交易实现还不够。

9.5.6 保障生态产品供给能力与多元主体权责利不够匹配之间的冲突

生态产品价值实现要以促进生态系统产品服务供给能力持续增强为前提，这就需要构建保护修复生态环境新风尚，形成保护者受益、使用者付费、破坏者赔偿的利益导向机制，提升多元主体保护生态环境的思想自觉和行动自觉。因此，促进政府、市场主体、农村集体以及农户等多元主体的权利、责任、义务相匹配就显得尤为必要。

第一，多元主体激励约束机制仍不健全。对政府而言，因对生态系统服务功能价值流向及损益量化的评估无法及时实现，对各级政府主要采取责任审计等约束性手段为主，GDP 和 GEP 的"双核算、双运行、双提升"应用范围较为有限。对市场主体而言，绿色产业发展的金融激励机制、生态信用制度不健全，在土地出让、产业开发中为明确其生态产品价值提升的目标，导致其缺乏落实生态环境治理修复责任、控制责任的充分动力。

第二，生态产品价值分享错位问题较为突出。一方面体现在产业开发中，受益者与保护者的利益错位。产业开发中，普遍仅由产业经营商分享生态产品的转化实现收益，例如，在"生态+农商文旅体"融合产业发展中，村集体仅以资源资产租赁、入股等方式分享发展收益，其作为土地资源所有权主体和承担生态建设公共职能，所供给的生态产品未在市场交易中承认。另一方面在生态补偿中，补偿受益者与保护者相错位。如耕地地力补偿、林业生态补贴以承包权为指向，在承包权、经营权分置的情况下，形成实际保护主体与补贴对象错位的现象。

9.5.7 政策支持需求增长与政策设计滞后之间的冲突

生态产品价值实现需要较为严苛完整的制度支撑，特别是要撬动金融资本、社会资本等投入生态环境建设领域，尤为需要强化政策供给。但由于成都市构建生态产品价值实现机制探索处于初步阶段，政策支持不足问题较为突出，政策实施效率亟待提升。

第一，政策创新力度不够。突破以往的政策框架和工作路径较为不足。一方面，表现为特许经营权、生态银行、绿色金融等新的实现手段探索不够。对发展绿色金融的金融机构的财政风险分担、税收优惠等支持力度不足，未对金融机构开设绿色金融专营机构、创新产品等给予相应政策支持，导致绿色保险、生态权益收益抵押贷款等绿色金融产品模式创新较少。另一方面，对实现手段创新的专业性和及时性的政策指导不足。例如，虽创新提出了"碳惠天府"双路径实现机制，但因专业化指导政策和操作说明，一些地区对碳汇认识不清晰，对加强碳汇储备、开发碳汇项目、开展碳汇交易的路径缺乏清晰认知。

第二，多元政策之间协同性不足。政策实施中呈现出较为明显的单点推进、局部突破特征，表现在生态保护政策与生态优势转化之间存在不协调，社区保护地、饮用水源保护地等发展生态旅游产业仍然受到刚性约束。生态产品价值实现机制创新与多元改革协同不足，农村集体产权制度改革、农村土地制度改革等成为生态产品价值实现的助力支撑，体现在农村集体经营性建设用地、农村宅基地等盘活用于乡村产业发展中，较少考虑土地、周边环境的生态价值，还较多地存在着农村集体建设用地入市程序烦琐、入市周期长等问题。

10 成都市实现城乡融合发展的总体思路与对策建议

10.1 成都市城乡人口迁徙制度改革的路径分析

作为国家城乡融合发展试验区和超大城市，成都市的人口迁移制度改革具有特别深远和重大的意义。在城乡融合发展和生态资源保护的双重目标下，成都市必须瞄准城乡人口迁徙面临的关键阻滞，通过全面深化改革进一步打破城乡壁垒，构建起与超大城市城乡关系内在需求相一致的城乡人口迁徙制度。

10.1.1 总体思路

根据成都市城乡人口迁徙存在的现实问题，成都市城乡融合发展试验区建立城乡有序流动人口迁徙制度改革应遵循以下基本思路：

10.1.1.1 以服务城乡人口迁徙为出发点推进户籍制度改革

无论国外经验还是国内改革先行区的措施，都以服务城乡人口自由流动为基本目的。成都市需要进一步增加县、镇人口的聚焦度，提高城镇化率。同时，人口逐渐退出生态资源保护核心区也是个必然要求。因此，可考虑全面放开城镇户籍限制，促进本地户籍的农业转移人口和外地来蓉人员落户城镇。同时，探索城市居民落户农村的户籍管理制度。可首先考虑在 8 个改革试验区范围内放开人口居住与落户限制，并从省市层面就市民化成本分担给予一定的财政配套。

10.1.1.2 构建服务乡村振兴战略的人口管理制度

从成都市未来城市发展规划来看，一个重点任务是体现生态价值，生态经济、绿色产业的实现基础在乡村，实施乡村振兴战略是西部片区发展破局的关键。因此，成都市人口迁徙制度应服务于农业农村发展的现实需要。一方面，要在如何引进并留住乡村振兴人才上着力；另一方面，要在如何创造条件吸引城市居民到乡村生活上有新的突破。

10.1.1.3 构建适应新型城乡关系的公共服务供给机制

大力推进城乡公共服务均等化既是促进城乡人口双向流动的基本条件，也是保证社会公平的重要内容。成都市要变劣势为优势，以推动城乡融合为契机，针对现代化田园城市和特色镇建设、川西林盘打造，以及"小组微生"新型农村居住区建设等，根据人口聚居趋势，探索公共服务和公共基础设施有效供给的机制和路径。成都市还应探索多方参与的供给机制，充分发挥集体经济组织和财政涉农资金等在农村公共品供给中的作用。

10.1.1.4 切实保障农业转移人口在城乡的基本权益

保障农业转移人口在农村的各项权益，特别是土地权益，确保改革过程中，农业转移人口的利益不会受到损害。探索户籍与农村集体经济组织成员身份相分离的制度设计，体现与户籍相剥离的财产权利。同时，加强对农村劳动力在城市的公共服务供给，特别是就业服务，让进城农民工实现稳定就业。防止农民出现既没有土地回不去农村，又没有技术立足于城市的窘境。

10.1.2 政策建议

推进城乡融合发展对人口迁徙管理提出了更高的要求，必须继续坚持体制机制创新，改革城乡人口迁徙制度，让农业转移人口从乡村出得去，城市居民到乡村后进得来，外来人口也能够融入城市，从而全面激发城乡发展活力。为此，需要在以下五个方面着力。

10.1.2.1 从制度上保障农业转移人口带着财产权落户

农村土地制度改革的本质是维护好新市民的土地权益。对进城落户的农业转移人口，应明确保障其承包期内的土地权益，并引导他们依法、自愿、有偿地退出或转让承包经营权和宅基地资格权，平稳有序地推动农民市民化，让农村居民可以带着财产权进城落户，破解本地农业转移人口市民化动力不足的问题。

第一，实现户籍与集体经济组织成员权相分离。充分利用好成都市农村产权制度改革的成果（包括确权颁证、承包地三权分置、宅基地三权分置、集体经济组织成员身份双固化等），探索农村集体经济组织成员权（如农户土地承包权、宅基地和农房财产权、集体资产股权等）与户籍相分离的实现机制。农业转移人口迁户转户不影响其集体经济组织成员身份，从而在制度设计上体现对进城落户农民财产权的承诺。

第二，扩大农村土地产权的交易权能。通过要素市场化激活承包地和宅基地的经济用途，拓展土地产权证书的使用权能，发挥土地产权证书在出租、抵押、信贷、入股、转让、退出以及收益分配等方面的积极作用，进一步显化承包地和宅基地的资产价值，提高进城农民承包期内合法的财产性收入。探索承包经营权和宅基地使用权向财产权或股权转化的方式，进一步扩大交易权能，使相关财产权或股权可以在一定范围内（如镇村）或与特定对象（如本镇、本村居民和新村民）进行交易。

10.1.2.2　明确新村民可享受和获得的各项权利

　　农村户籍制度改革的本质是要将农村居民的政治身份与经济身份分开，将财产权权利与公民权利脱钩，保障新村民拥有与原村民同等的公民权利以及经由市场交易取得的财产权利，进而让下乡市民真正融入乡村，实现"村民化"。

　　第一，新村民享有与原村民相同的各项公民权利。城市居民一旦成为新村民，获得农村居民户籍，根据《中华人民共和国村民委员会自治法》，也将是村庄的主人，理应成为乡村治理的主体。因此，要放开权利限制，赋予新村民和原村民同等的公民权利，包括迁徙权、居住权、选举权和被选举权、知情权、监督权等在内的公民权利。新村民也将与原村民一道参与乡村治理，共同参与民主选举、民主决策、民主管理和民主监督，共同享有村内基础设施和公共服务。以此提高新村民的归属感、参与感和幸福感，增强新村民与原村民的融洽关系。

　　第二，新村民享有经由市场交易取得的农地经营权、宅基地使用权等相关财产权。在实现集体经济组织成员身份与农村居民户籍身份相剥离的制度设计下，新村民具备农村居民的户籍身份，但不具备集体经济组织成员身份，因此，新村民不享有承包经营权、宅基地资格权和集体收益分配权等已经固化的财产权。但是，在承包地和宅基地"三权分置"框架下，新村民可以通过市场交易方式，在同等条件下优先获得原集体经济组织成员转让的土地经营权、宅基地使用权与房屋使用权，满足其日常生产生活的需要。当有集体经济组织成员依法、自愿、有偿地退出农地承包权、宅基地资格权和房屋财产权时，新村民可通过市场交易的方式获得这些权利，具体实施办法由村集体协商制定。

10.1.2.3　建立健全城乡一体的基本公共服务供给机制

　　农村基本公共服务与产品供给规模不足、质量不高，公共基础设施建设滞后，这是阻碍当前农村社会发展的最大短板。应持续完善有利于城乡基本公共服务普惠共享的体制机制。

　　第一，编制基于城乡融合发展的基本公共服务规划。在城乡融合趋势下，人口聚居呈现出新的特点。随着产业功能区、特色镇、旅游景点、精品林盘、新型农村社区、郊区新城等建设加快推进，此类区域内的公共服务需求将不断扩大。应提前谋划，做好基本公共服务规划，确保农村公共服务与人口增长和聚焦趋势相适应，甚至适当超前，以起到对人口流动的引导作用。

第二，深入实施城乡一体的基本公共服务清单管理制度。针对义务教育、社会保障、医疗卫生、劳动就业等薄弱环节，相关机构应加强城乡一体的制度设计，实行清单管理；加大政策优惠和供给模式创新力度，鼓励社会资本参与农村公共品提供；加快推进政府购买公共服务的体制机制改革。相关机构应根据清单编制项目，全力推进"公共服务设施攻坚行动"，鼓励和引导城镇公共服务资源向乡村延伸，提升乡村宜居宜业品质，增强乡村的人口吸引力。

专栏11：国内外推动城乡人口迁徙的代表性实践

我国的人口迁徙是世界人口发展历程的一个部分，也具有其他国家工业化、城市化进程中人口迁徙的基本特征。通过对世界上代表性国家人口迁徙的比较研究，能为我国城乡融合发展背景下城乡人口迁徙制度改革提供有益的实践经验。

（1）德国以城市均衡布局带动农业人口就近转移。

国外城乡关系与人口迁徙管理方面，德国采用的方法是发展和平衡，通过发展城市群并加强城乡之间的合作关系来实现。德国城市的兴起与工业化几乎同步进行，德国与欧洲其他发达国家如英国、法国相比较，其城市化的时间短，特点比较突出。一般来说，在工业化、城市化处于高潮时期，也必然是人口流动的活跃时期。德国中小城市多，分布均匀，人口过于集中的大城市少。德国的经济发展较为均衡，工业兴起后，农业劳动力转移以近区流动为主，主要是指在家乡附近。德国均衡型的城市布局，有利于消除城乡差别和社会两极分化。

（2）美国的城市扩张与逆城市趋势。

美国是一个移民国家，拥有丰富的自然资源，但是人力资源不足。人口的相对集中和有效配置是经济发展必然要求。美国社会人口流动呈现出集聚效应，并且社会流动性非常突出。美国在工业革命开始后的一个半世纪中，人口大量流入中心城市，城市急剧扩张，导致了一系列社会问题。20世纪70年代，美国出现了逆城市化趋势，人口向郊区迁移，特大城市之间逐渐连为一片，这也是城市化纵深发展的结果。在一些城市带地区，城乡差别已不复存在，农村也享受着城市文明。逆城市化人口流动之所以出现，是多种原因综合导致的：首先，经济活动由过于集中走向分散，为郊区创造了良好的就业机会；其次，城际之间的交通极为便捷，为远距离的通勤创造了条件；第三，城市规划和公共服务向城区外部延伸，提高了居住的吸引力。从长远来看，逆城市化是世界城镇发展的大趋势，也是缩小城乡差别的一种有效途径。

（3）日本基于住民票的户籍管理制度。

日本政府在二战后的经济社会改革中，以政府收购和重新分配的方式为自耕农配置了土地，同时消除了限制人口流动的障碍，农业人口的市民化比较顺利。日本现行户籍制度包括 1948 年实行的《户籍法修法》和《户籍法施行规则》，实行住民票制度，作为日本公民最常用的户籍文本，住民票随着住址变动，实现了"户籍随人走"，为人口迁徙管理带来了便利。日本在推进农村城市化的过程中，具有以下几个明显特点：①工业化与农村城市化同步推进；②农业人口转移速度快；③注重小都市经济综合体的功能；④政府在推进农村城市化方面的作用明显。

（4）韩国在促进和规范城乡人口迁徙中的制度设计。

韩国比日本城市化起步晚，但城市化进程更快，仅仅用了二三十年就完成了西方国家两百年时间才走完的路。韩国经过 20 世纪 60 年代的快速工业化发展，也同样出现了城乡差距过大、农村衰败、城市混乱等现象。为解决城乡关系中出现的问题，韩国加强制度设计，引导和规范城乡人口流动。一是大力推进农村基础设施建设，以政府出资为主；二是自由的人口流动制度，在人口迁移管理上只实行登记和检查制度，几乎不强加任何限制；三是城乡统一的社会保障制度，与自由的人口流动政策相配套；四是土地开发政策，在土地私有的制度要求下，政府制定相应政策以保障土地所有权、规范土地用途、促进农地流转和城市用地市场化开发。

（5）国内代表性城市的实践做法。

国内关于人口自由迁徙管理方面，重点和难点还是在大城市，以京沪为代表的特大城市和超大城市实行的入户积分制度管理，积分体系的"筛选性"和"导向性"依然很强，户籍制度改革的"普惠性"仍然不足。作为超大城市的深圳市，在这方面做了突破性的尝试。深圳市于 2016 年出台《关于进一步加强和完善人口服务管理的若干意见》及两个配套文件（简称"1+2"文件），将长期工作和居住的存量非户籍人口有序转为户籍人口。深圳市通过增加入户途径、降低入户门槛逐步扩大户籍人口规模。

福建福州东部片区作为 11 个国家城乡融合发展试验区之一，先行先试，进一步深化户籍制度改革来促进人口自由流动。2020 年，福建省出台《关于进一步降低落户条件壮大人口规模的若干措施》，提出要全面放开落户条件，不设学历、年龄、就业创业限制，实现"零门槛"落户和"零门槛"投靠，为福州东部片区城乡融合发展做了前期探索，也为其他10个国家城乡融合发展试验区提供了参考路径。

重庆市深化户籍制度改革，统筹市内市外落户政策，不设指标控制，不积分排队，市内市外落户同权、租购房屋落户同权，只要就业达到一定年限即可申请办理落户①。为进一步放开放宽落户条件，重庆市将主城区原有5年务工经商年限调整为3年，且在其他城市务工年限可合并计算。为保障重点群体便捷落户，重庆市对大中专毕业生、留学回国人员、具有初级以上专业技术职称人员不设就业年限门槛。重庆市全面推行户口事项互联网上申报、受理，窗口办理工作模式，简化户口申报材料，切实方便群众申办户口事项，市政府"渝快办"平台已推出16项，微信公众号"平安重庆"推出25项网上受理户口登记事项。2019年，全市共办理农业转移人口及其他非户籍人口落户城镇34.65万人，其中农业转移人口19.55万人。

10.2 成都市集体经营性建设用地入市改革的破题思路与对策建议

成都市已经在集体经营性建设用地入市领域做出了重要探索，形成了一系列制度成果和实践成效，为我国构建集体经营性建设用地入市制度提供了重要借鉴。但由于集体土地问题的特殊性和涉及利益的复杂性，改革推进仍面临矛盾制约。从根本上讲，集体经营性建设用地改革推进的关键难点在于如何通过体制机制创新破解集体土地保障性与财产性、安全性与营利性、乡村短期收益与长期发展等矛盾，探索集体经营性建设用地入市既安全稳妥又顺畅高效的可行路径。成都市要以创建国家城乡融合发展试验区为契机，坚决守住土地公有制性质不改变、耕地红线不突破、农民利益不受损三条底线，鼓励各地以改革方案为指导，通过积极创新建立起符合新发展阶段人地关系和超大城市城乡融合发展趋势的现代集体建设用地市场体制机制。

---

① 相关政策参见《重庆市户口迁移登记实施办法》《国务院办公厅关于印发关于落实1亿非户籍人口在城市落户重点工作任务的通知》。

10.2.1　总体思路

进一步推进集体经营性建设用地入市制度改革，要在深刻把握超大城市城乡关系、人地关系变迁规律的基础上，瞄准改革重点、难点，充分发挥试验区先行先试作用，将制度体系建设、相关领域改革协同、入市后产业利用管理、土地二级市场培育、入市助力集体经济发展、带动乡村资源价值显化六个方面作为改革破题的重点方向。

10.2.1.1　在集体经营性建设用地入市制度体系建设上实现突破

成都市应率先在全国建立起于法周延、于事有效的集体经营性建设用地入市制度体系。修订完善集体土地入市相关政策，以《中华人民共和国土地管理法》及《中华人民共和国土地管理法实施细则》为法律依据，以改革试验目标任务为导向，制定具有城乡融合试验区特色的集体经营性建设用地入市政策体系。成都市应充分吸纳各地实践经验，为向国家申请修订相关法律提供事实依据。成都市应重新制定入市管理办法及实施细则，明确"存量"与"增量"，"圈内"与"圈外"等关系，严格界定国土成片开发的标准和条件，减少关键性改革举措的短期性和模糊性；创新建立土地增值收益的规范分配制度，探索调节金税收化的政策衔接；充分融合前期农村领域改革形成的制度成果，结合集体经营性建设用地制定金融支持、产业发展等配套制度体系。

10.2.1.2　在集体经营性建设用地入市相关改革集成上实现突破

成都市承担了土地承包经营权流转管理试点、土地承包经营权退出试点等40余项国家级和省级改革任务。随着改革工作的推进，各项改革成效已经显现，目前正在探索各项改革间的协同推进机制。集体建设用地入市改革与集体经济发展、宅基地管理制度、乡村产业体系建设等乡村发展重要环节相关联，涉及农村金融、人才、治理等多领域内容，是农村多项改革的重要联接点。因此，要以集体经营性建设用地入市改革为切入点，以推进城乡资源优化配置为主线，探索建立以入市改革牵引农村人才、金融、产业、生态价值等领域改革的系统集成机制，如以集体建设用地市场完善为宅基地盘活利用拓展空间、将集体建设用地价值提升作为乡村人才培引改革的重要内容、在集体建设用地入市中实现村庄生态资源价值显化等，推动改革成果叠加、改革成效倍增。

10.2.1.3　在集体经营性建设用地入市供后管理上实现改革突破

成都市应建立集体建设用地入市事前审核与事后监管并重的全过程管理制度，特别要在集体建设用地入市后的跟踪、监管等环节取得突破，率先建立符合集体建设用地特征的供后管理制度。成都市应制定集体建设用地批后监管办法，参照国有土地供后管理方式，将集体建设用地统一纳入建设用地批后监管系统。成都市应建立集体建设用地入市后利用的动态巡查制度建设，强化建设用地供后开发利用的全程监管和效率评价，建立全市乡村产业信息平台，引导乡村产业项目差异化发展，提高集体土地利用效率。

10.2.1.4 在集体经营性建设用地市场体系建设上实现改革突破

集体经营性建设用地二级市场的发育是推动土地价值合理实现、要素高效流动和利用的关键。随着一级市场交易量的增加，成都市对集体建设用地直接转让、分割转让、出租、抵押融资等需求会逐渐增加，但是信息不对称、开发利用周期长、不确定性强等特征决定了土地交易二级市场需要具有针对性的机制设计和政府监管，应在确保高效顺畅运行的同时做好价格监管和风险防范。

10.2.1.5 在集体经营性建设用地入市带动集体经济发展上实现突破

集体建设用地是最具价值潜力的农村资产，也是集体经济组织发展壮大的重要抓手。成都市应该高度重视集体经济组织在集体经营性建设用地入市中的作用和地位，真正发挥土地入市对集体经济转型发展、持续壮大的带动作用，在全国率先形成集体经济在集体建设用地利用中的深度利益联接模式。成都市应运用集体产改成果，引导集体经济组织做好土地短期出让收入与长期增值收入间的平衡，鼓励集体经济组织以多种方式参与土地增收收益分配。

10.2.1.6 在集体经营性建设用地入市显化乡村资源价值上实现突破

成都市拥有丰富的生态资源和乡村文化资源，要在集体经营性建设用地入市改革中为乡村特色资源价值显化创造更多机会，以生态、文化资源植入提升土地价值，以土地入市实现乡村特色资源保护和价值转化。成都市应在土地入市、产业开发中有机植入乡村特色资源，将土地入市与生态文化资源保护与价值转化相结合。成都市可借鉴温江岷江新村的做法，将生态资源与土地入市绑定，并转化为集体经济组织股份。

10.2.2 对策建议

作为城乡融合发展试验的重要任务，推进农村集体经营性建设用地入市改革要以成都前期土地产权制度改革成果为基础，以建立健全城乡统一建设用地市场为目标，完善土地入市体制机制，做好规划完善、体系培育、规则制定、利用管理、收益分配等土地入市全流程的规范、引导与监管工作。

10.2.2.1 制定出台集体经营性建设用地入市实施细则

成都市应在总结提炼各地已有实践做法和经验成果的基础上，遵循城乡融合发展中土地要素配置的客观规律，根据《中华人民共和国土地管理法》《中华人民共和国土地管理法实施条例》和国家及成都《方案》总体要求，研究制定农村集体经营性建设用地入市实施细则。成都市应对入市主体、入市条件、入市范围、交易平台、交易规则等做出统一规定，对入市方式、收益分配等做出指导性规定，特别要明确宅基地等转为集体经营性建设用地的规范流程，探索建立集体建设用地年度指标管理机制，同时结合征地制度改革，明确城镇规划区、建成区范围内集体建设用地直接入市与转为国有土地的不同条件、范围和方式。针对历史遗留的未批先建、使用权自主流转等问题，清查摸底后分类处置，对符合规划、民主做出决策、使用规范的土地，可补办相关手续进行规范。研究制定土地收益金转为土地增值税的相关方式，出台全市统一的集体地价评估、抵押融资、中介管理等相关配套政策。加强集体经营性建设用地入市与相关配套政策的协调衔接，尽快形成体现改革试验区首创精神、符合超大城市集体土地入市特点的政策体系。

10.2.2.2　切实发挥村庄规划在资源开发中的引领作用

高度重视村庄规划的法律效力和对乡村发展的长效指导作用，建立村庄规划评审的科学指标体系，抑制各地为获得建设用地指标而突击编规划、临时调规划的做法。尽快明确国土三调数据中关于林盘地不纳入林业用地管理范畴的正式制度规定。建立与乡村发展动态性适应的规划体系，在规划中适度放宽村庄产业用地留白要求，为集体经营性建设用地入市预留空间，鼓励符合条件的地区做好村庄连片规划、村镇整体规划，适当增加复合型用地和规划留白用地总量。

10.2.2.3　联动实施宅基地制度改革，拓展土地入市空间

将集体建设用地入市与宅基地"三权分置"改革相结合，完善自愿有偿退出宅基地的前置条件，特别要提出将"进城落户"转化为"住有所居"作为退出前置条件的合理依据。同步完善宅基地管理制度，出台宅基地管理细则，明确对一户一宅及例外情况、宅基地及农房继承等的政策解释，明确对一户多宅、超占面积的有偿使用政策，建议根据一户多宅形成的实际条件设定有偿退出的不同补偿标准，防止出现因有偿退出而造成新的分配不公问题。协调推进集体经营性建设用地入市与宅基地使用权盘活利用改革，形成不同土地利用方式对推动乡村振兴的互补作用。出台宅基地使用权盘活利用的管理办法，鼓励各地以农户自主开发、租赁、转让、入股和联营等模式多元利用宅基地。探索宅基地分割确权、空间置换在实践中的运行方式。

10.2.2.4　加快推进集体经营性建设用地二级市场建设

依托成都市农交所健全集体经营性建设用地使用权二级市场交易平台，明

确集体经营性建设用地转让的规范流程和合同文本，加强交易管理与不动产登记的有序衔接，形成农村土地交易平台和不动产登记信息平台的互联互通。完善集体建设用地分割转让的实施方式，探索使用权分割转让的前置条件、操作规范、可分割转让的面积、操作流程及各环节主管部门职责。借鉴广东南海的"土地整备"模式，探索由各级政府平台公司或有条件的村组集体经济组织联合成立资产管理公司，统一储备、承租多个村集体的建设用地，经初步整理和完善配套设施后，再转让或转租给用地主体。完善集体建设用地市场动态监管，建立成都市集体土地供后数据库，出台集体建设用地使用权转让、转租的专项管理服务制度。

10.2.2.5　建立健全集体建设用地价值实现的长效机制

拓展乡村振兴基金使用范畴，在有自我经营能力和建设用地资源的乡村以入股等形式合作进行集体建设用地项目开发，为乡村自我发展提供短期资金支持，防止因资金约束造成各村为获得土地出让收入出让集体自主发展权。建立符合成都乡村发展实际的集体经营性建设用地使用效率评价指标体系，将项目建设中的财政配套投入资金分类纳入考核。健全互联互通的乡村产业项目信息平台，建立产业准入评价体系和常态化的乡村产业发展评估机制，跟踪把握乡村产业发展实际情况，提出产业同质化预警及机会清单，为各地集体经营性建设用地入市项目审批提供依据。借鉴郫都区以集体经营性建设用地实现村庄"四个重构"的经验做法，将集体经营性建设用地入市与乡村建设行动、乡村治理提升联动，以集体建设用地入市带动乡村产业形态、人居形态和治理形态的全面改善。

10.2.2.6　有效强化集体经济组织在入市中的主体作用

集体经济组织是集体经营性建设用地的所有权主体、一级市场的交易主体和收益主体，在试验任务推进中，要将集体建设用地入市作为集体经济持续发展的重要契机，将土地入市与集体经济发展壮大联动，切实发挥各村组集体经济的主体地位。与农村两项改革"后半篇"文章相结合，做好集体经济产权改革成果调整工作，实现集体经济组织登记赋码系统与国家企业信息信用系统的统一，赋予集体经济组织与企业组织对等的经济主体地位。强化集体经济在土地入市中的利益嵌入，引导集体经济以入股、合作等方式与社会资本合作，进行土地入市及开发利用。鼓励有条件的集体经济组织发展以物业租赁、服务供给为主的稳健经营模式，鼓励村集体联合承接政府的购买公共服务，结合林权改革相关任务，在集体经营性建设用地入市中探索集体生态资源价值转化路径，以生态资源价值的实现增加集体经济组织增收能力。

10.2.2.7 积极探索集体土地入市增值收益分配新机制

完善集体经营性建设用地入市增值收益分配机制，协调国家与集体、集体与农户间的利益关系。出台全市统一的集体经营性建设用地收益分配实施意见，明确土地增值收益调节金的征收方式和标准，并做好土地增值收益调节金向规范税费转变的准备工作。在集体内部分配上，建议在明确分配原则的基础上仍然以集体成员民主决策为分配依据，但是要做好对集体经济组织的财务监管审计，可探索根据集体组织收入水平分档设定公积金、公益金的提取标准。

10.2.2.8 制定符合市场规律的土地入市金融支持政策

以建设集体经营性建设用地二级市场为基础，提高集体经营性建设用地使用权作为抵押物的易处置性和流动性。引导四川省农业融资担保有限公司、成都市农业融资担保有限公司联合开展集体经营性建设用地抵押融资担保业务，以政、银、企、担多主体投入的方式建立县级集体土地抵押融资担保风险基金，以交易成本和风险控制引导金融机构开展农村建设用地使用权抵押贷款业务。明确集体建设用地使用权作为抵押物的合法性，推进集体建设用地抵押物标准化，制定成都市集体建设用地基准地价指导意见，为集体建设用地使用权抵押。

10.2.2.9 全面建立相关领域改革集成和部门协同机制

发挥城乡融合发展试验区工作领导小组的统筹作用，总结梳理成都市农业农村领域相关改革内容及成果，建立改革集成实施机制，形成横向互补和纵向联动的改革叠加效应。在农村集体经营性建设用地入市改革领域，形成以"农村土地确权成果运用—宅基地'三权分置'—集体经营性建设用地入市—乡村产业转型升级"的纵向改革链，以及"农村集体产权制度改革—农村金融体系改革—农村两项改革后半篇文章"的横向改革系统，以集体经营性建设用地入市改革为牵引，发挥成都农业农村领域改革集成效应。在部门协同方面，督促各区（市、县）农业农村局与规划和自然局做好工作对接，明确农业农村局的宅基地管理权责，各行政村建立村级宅基地协管员制度。明确集体经营性建设用地入市中农业农村局与规划和自然局的权责边界，由各地农业农村局与规划和自然局设立宅改+集建地入市改革联合工作组，特别是不同部门对土地供后管理的职责，建议土地用途监管由规划和自然局负责，土地利用效率、产业发展等由农业农村局负责。

10.3 成都市农村产权抵押担保权能实现的突破重点

将农村产权与金融相互结合是农村产权改革的一项重大创新，为农村金融制度创新提供了战略支点，为农村产权赋能找到了发力点，充分释放农村产权隐藏红利，最大程度将沉淀和分散在"三农"领域的各项权益进行整合和激活。有利于建立基于农村产权价值实现的多元投入机制，引导金融资本向农村转移，促进农业产业转型升级和新兴产业业态的培育发展，提升农业经济发展质量和效益，为城乡融合发展提供资金支撑。但在实践中，农村产权抵押担保尚处于"可以贷"的探索阶段，未实现从法律禁止到自由畅通"质"的变化，面对城乡融合发展背景下的资金需求仍需要从以下几个方面取得突破。

10.3.1 在拓展农村产权抵押担保权能方面的突破

在改革试验任务推进中，成都市要以深化农村产权制度改革为手段，在拓展农村产权抵押担保权能方面取得突破。

一方面，拓展农村产权交易半径。深化成都农村产权交易所与西部乃至全国同类交易场所深入合作，建立起全国农村产权交易信息互享平台，形成农村产权要素竞相有序流转平台。通过各区域产权公开信息，有效扩充农村产权交易辐射半径，做大交易规模、提高交易频次，通过自由市场经济凸显农村产权市场价值，实现产权激励有效、要素自由流动、价格反应灵活的自由竞争经济市场，进一步激活农村资本市场，为农村产权金融市场价值实现奠定基础。

另一方面，拓展农村产权权能。在相关制度条件下，适度拓展农村集体产权权能，提高农村产权要素在城乡间自由流动范围，缓释金融机构由于流动性不足带来的农村产权抵贷资产风险。有序拓展宅基地产权权能，加快推动通过建设租赁住房、共有产权房等方式实现宅基地使用权有限度向非本集体经济组织成员流转，通过宅基地使用权市场活化创造增值空间，增强其在金融市场的信贷可得性；加快探索集体资产股权抵质押模式，通过联保、反担保等方式稳步有序放活集体资产股权融资权能。

10.3.2 在创新农村产权抵押担保产品方面取得突破

持续强化农村产权抵押担保金融产品和服务方式创新，满足城乡融合发展下不断涌现出的新型产业业态融资需求。

第一，加快推动经营型农村产权抵押产品创新。依据成都市城乡统筹产业发展布局，针对新型农业经营主体融资痛点，加快推动落实大型农机设备、农产品加工设施等经营性资产融资，探索建立大型农业设备收储机制，创新"租赁业务贷"金融产品，以设备抵押、租赁等方式帮助涉农企业完成产能升级、设备换代。

第二，加快推动生态型农村产权抵押产品创新。结合成都市生态功能布局，以生态产品价值实现为导向，建立生态产品价值抵押融资机制，加快推进以林权、水域养殖权等为抵押物的特色生态信贷产品，探索以经济预期收益、碳汇收益权、水权等为质押物的特色生态信贷产品，为以绿色经济、生态康养为核心的新型农业经营主体提供信贷服务。

第三，加快推动资源型农村产权抵押产品创新。围绕城乡融合推进过程中的农村集体建设用地使用和开发项目，加快推广基于城乡建设用地增减挂钩、以集体建设用地指标出入收入作为第一还款来源的抵押融资产品，基于集体建设用地开发项目未来收益权质押，且由第三方机构进行担保的信贷产品等。

第四，稳妥开展基于农村产权反担保的抵押担保创新。探索以土地股份合作社为载体，农户土地经营权入社作抵押品、合作社提供信贷担保的反担保模式，探索多户联合担保模式。构建"农村产权融资+农村产权融资风险基金""农村产权融资+政策性不良资产收储机构"等新型融资方式，通过设立"新型农业产业发展投资基金"，推动符合条件的农创、农旅、涉农企业等实施经济证券化。

10.3.3　在"农贷通"金融服务平台功能优化上取得突破

持续深化打造"农贷通"2.0版，利用互联网大数据平台，致力于打造一个服务城乡融合和乡村振兴的农村金融新基建，形成集农村金融、农业保险、价值发现、收储联盟、评估机构、信用体系等为一体的农村金融大数据综合服务平台，为农村产权融资权能可持续发挥提供市场化平台。

第一，提高"农贷通"金融资源集聚能力。加快各项政府涉农数据、政策优惠等在平台上的归集共享，逐步形成"政银担保"协同发展的农村综合金融服务格局。壮大金融机构，通过加大财政直接补贴、信贷奖励、定向降准、乡村振兴风险基金补贴等多项优惠措施鼓励商业性金融机构参与"农贷通"建设，降低农村资金互助合作社、金融租赁公司等内生性金融组织机构进驻"农贷通"平台标准；做大农担体系，以政府性担保机构为核心，鼓励建立专业性农业融资担保机构，探索建立合作性村级融资担保基金，逐步完善农村产权抵押融资担保体系；放大保险作用，依托"农贷通"平台，探索农业转型发展保险产品创新，开发农业生产设施设备险、收入险、地方优势特色农产品险等产品，通过保险联保、再担保等方式逐步缓释农村产权抵押融资风险。

第二，拓展"农贷通"平台金融服务体系。一方面，加快涉农信用信息基础数据库搭建。依托"农贷通"平台，加快建立农户、家庭农场、农业合作社、涉农企业等农业经营主体信用档案，持续推进信用户、信用村、信用乡镇、信用新型农业经营主体评定，鼓励金融机构扩大信用评定在农村产权抵押担保中的应用，将其作为金融机构产权放贷的重要指标。另一方面，深化金融供需双方信息资源共享。利用互联网、大数据加快建立与农村金融、农村电商、农村产权交易系统及新型农业经营主体直报系统互联互通，通过系统联通整合农业经营主体相关生产经营数据和信用信息，为金融机构参与农村产权抵押融资决策提供依据。推动金融机构与农业经营主体融资需求的高效精准匹配，提高农村产权融资效率。并在此基础上，深化与农村产权评估、成都金融仲裁院等服务系统衔接，形成集产权交易、抵押、担保、评估、审批、仲裁等为一体的农村产权金融配套服务。

10.3.4 在农村产权价值评估方面取得突破

农地、农房等抵押物价值评估作为农村产权抵押融资的重要环节，在很大程度影响农村产权资本价值实现，基于当前农村产权价值评估难、评估价值极易发生变动等相关问题，在改革试验任务推进中，一方面，可借力国有土地价值评估机制资源，在服务要素共享基础上，将平台资源的审计、评估、鉴定、司法等第三方中介服务及机构引入农村土地财产权益交易中，为金融机构提供足够权威的农地价值评估凭证，提高金融机构信贷意愿。另一方面，可探索建立或组建市场化的农村产权评估机构，按照政府引导、多主体参与、市场运作原则，探索建立专业化评估与专家结合的产权评估团队，科学确定农村产权价值评估依据和标准，并根据市场变化实行动态调整。同时依托成都市农村产权交易所，建立农村产权抵押评估信息系统，实现市场价值与评估价值信息公开与共享，提高产权价值评估的市场认可度，为农村产权交易变现、作价入股、抵押担保创造先决条件。

10.3.5 在内生性金融组织建设方面取得突破

围绕统筹城乡发展过程中的金融需求，加快完善服务新型农业经济主体发展的金融组织体系。在组织结构方面，要深化农村内部金融服务组织体系建设。探索建立基于农村内部更为合理普惠的农村金融体系，鼓励有条件的镇村成立新型农业经营主体联合会，强化涉农企业、合作社等的参与，负责经营主体与金融机构、涉农企业协调，增强抵御农村产权抵押融资风险的能力。在组织模式方面，鼓励发展农村地方性合作金融机构。制定地方性新型农村合作金融管理办法，鼓励具备条件的农业龙头企业依法发起设立或参与发起设立中小型民营银行、小额贷款公司、金融租赁公司，鼓励本地优质企业和种养大户投资入股。推动建立地区性农村资金互助社、社区微银行、农村土地抵押银行等多样化农村金融服务主体，增加农村金融的有效供给，形成助力农村产权抵押担保服务的有力补充，并纳入本级农村产权抵押担保融资风险基金使用范畴。

10.4　成都市推动城乡产业协同发展平台建设的思路与建议

10.4.1　总体思路

为全面落实《中共中央 国务院关于建立健全城乡融合发展体制机制和政策体系的意见》，成都市应该以科学的精神、求实的态度正视当前城乡产业协同发展平台建设中存在的问题，基于问题导向，结合《四川成都西部片区国家城乡融合发展试验区实施方案》中重点试验内容和重点工程建设方向，精准对标城乡产业协同发展平台的具象化载体形态，在充分尊重产业成长规律的基础上，立足实际、因地制宜，探索以带动群众增收为着力点、以提升产业发展能级为核心、以农村土地制度改革集成和产业改革成果应用为重点、以壮大农村集体经济为抓手、以落地落实配套政策为支撑，构建"资源盘活、土地释放、要素激活、项目投建、运营服务"贯通的全链条利益联接机制，用更加理性和市场化的思维打造城乡产业协同发展平台，将其建设成"人城产"融合发展的引领区、高水平营商环境的示范区、开放型经济和体制机制创新的先行区。

10.4.2　对策建议

新时期，成都市必须更加重视城乡产业协同发展平台的规划建设、精心培育，及其理念模式、体制机制的创新完善，在有效识别其发展条件的基础上，围绕营造高品质生活场景、打造新经济消费场景、加速释放生态价值裂变效应，不断完善创新链、锻造人才链、延伸产业链、强化配套链、提升价值链，高质量构建城乡产业协同发展平台，努力诠释新常态下美丽宜居公园城市的乡村表达，打造城乡共享经济体。建议如下：

10.4.2.1 明晰城乡产业协同发展平台的功能性定位

城乡产业协同发展平台建设可以依托更大尺度的地域空间，实施全要素和全产业的重构性设计，突破原有传统产业小规模、碎片化、单一化的制约，实现特色产业鲜明、社会服务完善、三次产业融合的整体推进。第一，产业功能定位要准确。以更高站位，从自身实际条件出发，根据市场需求和发展前景科学定位产业平台功能，防止在建设中出现认知误区和方向错位，正视不同产业发展平台与载体之间的竞合关系，按照不同产业特色确立其价值定位，竭力避免产业间同质化竞争、区域间协调不足和项目低端化等问题，充分彰显产业平台的核心竞争力。第二，产业规划要科学。以更开阔的发展视野，立足区域资源禀赋和自身发展潜势，深入市场调研，从宏观政策、区位特征、产业基础、竞争环境等方面、合理规划、布局产业项目和进行功能分区，仔细探究平台发展的盈利模式和辐射带动效能，掌握合理的开发次第和开发节奏。切实发挥好平台产业集聚带来的溢出效应，建成全要素产业链的先导。第三，项目引入要与平台整体发展诉求契合。在平台项目引入上，要做好项目的准确定位，重点引入与当地平台发展定位相契合的项目，注重产业平台发展风貌的统一。在项目管理上，也要关注项目建设、运营与项目规划的统一性，防止项目业主为盲目追求经济利益违背平台发展规划。第四，加快信息化集成，强化平台发展的软实力。以互联网思维寻求突破，为产业平台发展提供全方位信息化支撑，实现项目低成本、高效率建设和运营。从"市场、成本、资源"等要素全面深入，注重打造信息化集成服务平台。

10.4.2.2 提升城乡产业协同发展平台的核心竞争力

壮大产业能级是城乡产业协同发展平台建设的基础前提，强链补链是各类产业协同载体建设的关键支撑。随着经济发展和城乡居民收入水平的快速提升，未来乡村产业必然要朝着契合城市消费需求的方向发展。本书由此建议：第一，强化产业平台对城市现代要素的吸收和接纳，推动建设高能级产业体系。基于产业平台从更大范围内整合各类要素资源，推动城市现代要素与乡村传统要素系统耦合，助推乡村产业良性演化和趋向城乡产业一体融合发展，可在乡村规划设计、乡村旅游、农产品品牌等领域，优先释放城乡产业链耦合效应。第二，强化产业平台的功能植入、业态提升和场景营造，释放城乡产业链耦合效应。面向城市和市民"投其所好、供其所需、取其所长、补其所短、应其所变"，深度开发乡村多功能性。注意把握城乡发展总体趋势和乡村产业自我演进规律，基于产业平台建设，勠力推进乡村产业业态持续迭代和产业能级显著提升，推动"农商文旅体"由浅层叠加朝着深度跨界融合转变，打造契合城市需求的高品质消费场景，释放产业集群与产业链耦合效应。第三，推动创新要素全方位嵌入产业协同发展平台，提升现代农业创新策源能力。以促进产业升级和提升竞争力为目标，推动各类创新要素全方位嵌入产业发展平台。统筹各类创新要素，扩大创新要素存量，结合产业发展实际需求，切实发挥好市场对技术选择、要素价格和要素配置的决定性作用，让新技术、新模式、新成果切实运用到产业发展平台建设中来，以实现产业结构转型和高能级业态。

10.4.2.3 找准城乡产业协同发展平台的潜势发力点

随着人们对乡村安逸、生态、悠闲生活环境和状态的日渐向往，特别是城市退休人员叶落归根、重返田园的精神愿望不断增强，生态产业发展潜势还将得到更进一步释放。据此建议，城乡产业协同发展平台须以"势"发力，第一，建立健全生态产品价值核算体系，摸清"家底"、掌握动态，为推动生态产品价值实现提供科学依据。积极探索建立生态产品价值核算体系，着力推进生态产品的确权、量化、评估工作，努力解决价值核算概念不清晰、边界不明确、思路不统一等问题，明确生态产品权责归属。第二，借鉴浙江"两山"发展经验，创新"绿水青山"养护制度、产权制度、交易制度，形成一批生态环境和经济发展互促共进的好方式、好样本，把发展高值农业作为高能级产业平台的主攻方向，创新生态资源合作价值实现机制，通过组建专营公司、产权入股、资产租赁等方式实现生态项目的经济价值，促成绿色发展、集聚发展和融合发展。第三，探索生态开放空间多元营运模式，打造一批自我造血、自我生长的生态消费场景。在严格保护生态环境前提下，依托绿水青山、清新空气、适宜气候等自然条件，把林盘作为活化乡村资源的"微单元"，不断强化功能植入、业态提升和场景营造，培育绿色转型发展的新业态和新模式。搭建生态产品变现平台，打造"两山银行""森林银行"等金融服务中心，将碎片化的生态资源收储整合，形成优质高效的资源资产包，支持发行绿色债券，探索建立生态资源融资担保体系，推动生态资产债券化。通过资本赋能和市场化运作，推动生态价值创造性转化，让良好的生态环境成为经济社会持续健康发展的有力支撑。

10.4.2.4 强化城乡产业协同发展平台的制度性保障

城乡产业协同发展平台建设需要一系列便利化的制度环境予以保障。第一，强化乡村内部资源有效集聚。以乡村内部现有的产业基础与资源存量为前提，坚持市场化的基本导向，盘活用好在乡要素资源。如在"管委会+平台公司"的管理架构下，管委会负责统筹产业功能区（园区）整体规划管理，平台公司承担融资、投资以及建设运营职能，要在更大范围内动员土地、资金、科技、文化等资源，努力克服产业发展在地域空间、资源体量和发展能力等方面的局限性。第二，加速城市和区域外生产要素引入。突破行政边界的约束，加快生产要素的跨区域整合。将产业平台需要的人才、资本、技术、信息、经验等先进外部要素大量引进来，促成强有力的内外要素良性耦合，有效提升平台要素配置效率，降低要素集聚成本，有效规避内外部产业发展中潜在的风险。第三，多维制度联动改革，激活要素资源。聚焦土地制度改革，在严格控制农用地转建设用地前提下，推行以产出为导向的土地利用制度改革，逐步淡化农村集体建设用地经营性、公益性和闲置宅基地的边界，打通现有各种建设用地之间用途转换的通道，优先支持产业平台项目所需的年度用地计划，灵活组合不同用途和面积地块搭配供应，提升产业平台土地供给和利用效率。强化人才保障制度，拓宽人才"引育用留"政策，大力改善乡村就业创业环境，激励外出农民工、大学生、企业家等各类人才返乡创业，构建起返乡人才的落户机制，解决其住房、子女教育、医疗等配套服务问题，根据产业平台发展需求，探索人才入乡利益联接机制，引进产业领军型人才，校地企共建实训基地，共设教学课程，"订单式"培养高层次应用型产业人才。深化农村金融改革，积极创新涉农资金整合机制，撬动社会资本和农民集体投资进入产业平台建设的重点领域和薄弱环节；延伸农村产权抵押担保权能，构建农村产权抵押融资"贷款申请—交易鉴定—价值认定—抵押办理—贷款发放—资产备案—资产处置"的金融服务闭环机制；探索以发行产业平台建设债券、帮助龙头企业上市融资等方式激活金融资本。第四，强化产业平台运营管理的制度保障。理顺部门和产业发展平台、属地镇街、平台公司、运营公司等各方职能职责关系，逐步剥离镇街经济职能，赋予产业平台经济发展、规划实施、项目审批等自主权，促成产业平台负责产业发展、镇街负责公共服务和社会管理、市级部门负责要素保障、村（社区）负责提供公共服务的综合职能分工体系，加快形成共建共享共促格局；结合各类产业发展平台或载体特性，建立科学、实用、可操作的分类考核指标体系，强化优进劣汰，优化产业平台制度保障和发展环境。

10.4.2.5 增强城乡产业协同发展平台的"造血功能"

要高度重视农村集体经济组织在城乡产业协同发展平台建设中的"造血

功能",切实发挥农村产权制度改革和集体经济发展的联动作用。第一,将农村集体产权改革引向深入。首先,完善产权改革过程中的认定标准和分配方法。目前在成员认定、股份量化、股权设置、股权类型及颁发股权证等问题上,不同村庄举措不一,缺乏统一性。对于这一关乎村民切身利益的制度设计与推行,要完善现有产权改革治理结构,使村民意见与异议有途径可以申诉、有举措可以处理,确保村民的知情权、参与权、表达权和监督权。其次,针对静态股权固化模式存在后续调整困难,建议进一步完善集体资产股份权能,并逐步提升农村集体产权结构的开放性,探索不同形式的权能模式。第二,创新农村集体经济实现形式。明确集体经济组织在产业平台建设过程中的主体地位和职能,支持"农村集体经济组织+城市工商资本"发展共享经济,构建起"资产出租+租金保底""资产入股+利润分成""要素作价+联营共享"等多种利益联接机制。鼓励有一定经济实力的农村集体经济组织与相关机构合作,对闲置宅基地和农房进行统一收储利用。与此同时,在推动集体经济经营业态多元化发展过程中,要确保集体成员的收益分配权落到实处,如集体经济组织内部收益如何分配、公积金和公益金按什么比例提取、村干部贡献如何体现等均须出台详细的解决方案。第三,激励村干部主动作为,发展壮大村级集体经济。可借鉴江浙等发达地区农村集体经济发展路径,配强村级组织领导班子,注重培养后备队伍和青年农民,将有经营头脑、管理能力和奉献精神的年轻同志充实到村领导班子里。探索推行"基本报酬+绩效考核+集体经济发展创收奖励"的干部结构性补贴制度,如以当年村集体经济收入的总量和增量作为奖励标准,从总量和增量中提出一定比例作为激励村干部发展村级集体经济的奖励资金,确保村干部的收入与付出及经济效益相匹配。

10.4.2.6 做优城乡产业协同发展平台政策的协同性

高质量推动城乡产业协同发展平台建设,深度整合各类优势政策,探索政策组合效应与做优协同性。第一,着力发挥政策组合效应。产业平台建设涉及土地、资金、人才、产业发展、体制机制改革、城乡融合等多个方面,经营主体涵盖了政府、农户、企业、合作社等多元化主体,各方面均涉及不同政策,因此,须充分利用国家、省、市、县多级指导和扶持政策,整合优化政策组合和创新政策利用方式,推动实现"1+1>2"的效果。第二,增强产业平台建设的相关政策协同性。以城乡产业协同发展平台建设为载体深度整合各类相关政策,将市级可自主进行的改革内容集中体现于平台内,形成系统化的改革措施实施制度。可以制定适度的"平台发展偏向"的政策,扩大平台内产业政策的弹性空间,同时增强政策的前后一致性和政策间的配套协调性,以协同思维出台相关产业政策额、区域政策等，减少因政策差异造成的利益冲突与施策困境。第三，形成产业平台建设过程中的容错机制。产业平台建设需要积极创新、勇于探索和主动作为，因此需要赋予相关部门人员充分的权能和激励，建议设立平台改革探索的容错机制，以明确的正式制度认可各类产业融合载体在建设推进过程中的改革创新，保护各类主体尤其是基层领导干部。对经过相关部门认可的改革做法、既有结果给予政策和法规性保护，明确试错条件、免责措施，对于那些在推进改革和体制机制创新中，根据上级有关精神进行先行先试改革，因无先例遵循、政策界限不明、不可预知因素、缺乏经验等出现探索性失误或未达到预期效果的地方或基层干部，免除相关责任。第四，允许在平台建设过程中采取适度留白的方式。产业功能区（园区）、田园综合体、特色小镇等是新时期推进城乡融合发展的创新型组织载体。因此，要防止为完成项目进度而盲目推进，造成资源浪费和发展的偏误，建议容许在建设中适当留白、遵循推进建设。探索平台建设机制的创新，要改变传统的项目建设推进方式，取消设立过于机械的推进速度指标方式，在产业建设方面要循序渐进，将尚未明确或条件不成熟的建设项目可以将空间留出，待条件成熟后再实施建设。第五，要平衡好平台建设过程中多方利益关系。要认识到多数农民在城乡双栖的就业和居住已经成为常态，在政策制定中要综合考虑这部分群体在城乡产业融合进程中的切实利益。如在推动农业产业化和工商资本下乡进程中，要注重规模经营的"适度性"，以及惠农政策的公平性，防止人为垒大户和排挤小农户。同时，借助产业平台内企业集聚、规模化经营、社会化服务等优势，鼓励小农户加强和新型经营主体的良性互动。鼓励产业发展平台建立起支持小农户融入大生产、大市场的支撑服务体系和服务机制。

10.5　成都市促进生态产品价值实现的突破点与机制建设

10.5.1　总体思路

锚定长江经济带生态价值转化先行区、美丽宜居公园城市典范区建设目标，结合国家、省政策要求和成都西部片区生态产品价值实现面临的问题，完善政府市场双向协同格局，发挥市场在优化生态资源配置、反映生态产品稀缺方面的天然优越性。具体而言，需要突破以下4大重点。

10.5.1.1　建立竞价交易的生态产品市场体系

建立促进生态产品市场化交易的整套机制，形成反映供求关系和资源稀缺程度的生态产品交易市场体系。首先，建立市场供求机制。明确生态产品购买方、受让方，以供给地政府或村集体作为生态产品受让方，以受益方的经营商、政府作为生态产品购买者。以"核算—配额—交易"形成生态资源资本化形成路径，并结合碳中和"先锋城市"建设目标，率先在碳汇市场化交易上寻求突破。其次，建立市场价格机制。建立生态产品价值核定机制，促进生态产品定量化、货币化显示。最后，建立市场监管机制。发挥政府的监督功能，完善对生态产品实物量和价值流的监控机制，逐步健全生态产品的交易规则和程序等，促进生态产品交易市场良性运行。

10.5.1.2　促进保护者与受益者权利义务平衡

清晰界定政府、市场主体、村集体、农户等各方权责利，促进生态产品保护者与使用者权利义务平衡。一方面，在完善激励约束上实现突破。强化激励，推广应用横向生态补偿制度、政府购买生态产品等，让生态环境保护者获得实际利益。健全对政府、市场主体和个人等多元主体的行为约束机制，实施生态环境破坏赔偿制度、生态信用制度等。另一方面，在构建利益联接上实现突破。建立生态资源有偿使用制度，探索将生态产品损耗纳入经营开发成本，促进生态农业、生态旅游等发展受益向当地村集体、农户惠及，建立集体经济组织参与分享生态产品开发经营收益的有效路径。

10.5.1.3　探索促进金融与社会资本投入方式

基于生态环境保护与生态产品经营开发需要大体量资金，单一化财政支持方式力量较为薄弱的现实，要在继续加大财政投入力度的同时，加强对金融资本和社会资金的投入进行引导和有效激励。一方面，导入金融资本。发挥西部金融重镇优势，开发绿色信贷、绿色债券、绿色基金、绿色保险等金融产品，推进美丽宜居公园城市典范区与绿色金融中心共融共建。另一方面，引进社会资本。创新社会资本参与生态修复的产权激励、财政杠杆等多元方式，优化社会资本进入生态农业、生态旅游、森林康养等领域的引导方式、平台衔接、利益协调机制等。

10.5.1.4　畅通生态优势向发展优势转化路径

促进产业生态化与生态产业化有机互动，筑牢生态底线，培育绿色转型发展的新业态、新模式，延伸生态产品产业链和价值链。一方面，完善"生态+农商文旅体"融合产业高质量发展。突破制约产业升级的空间载体约束和生态资源分散约束，健全"生态+农商文旅体"融合产业生态圈建设，促进业态升级和产品服务升级。另一方面，推进生态农业提质发展。扩大绿色农业生产方式覆盖面，以农产品品牌孵化平台为载体，以绿色认证为基础，扩大生态农产品品牌影响力，促进都市现代农业特色化、高端化、精品化发展。

10.5.2　对策建议

10.5.2.1　以建立权威规范为基础，构建生态产品价值的核算定价机制

建立全市统一的生态产品价值核算规范，运用市场价值法、替代成本法等衡量生态产品的物质供给、文化服务、调节服务等价值，着力解决生态产品"定价难"问题，为构建生态产品实现机制奠定基础。

第一，构建覆盖全域的生态产品价值核算规范。推动生态产品价值核算由各区（市、县）试点向覆盖市、区、镇三级行政区域拓展，深化推进林盘、湿地等特定地域生态产品价值核算评价。在鼓励各区（市、县）大胆探索的基础上，总结和整合研究探索成果，推动建立全市统一的核算通则，明确生态产品价值核算指标体系、具体算法、数据来源和统计口径等，形成标准化的指标体系、核算方法和技术规范。建立核算标准实施监督反馈和效果评价机制，不断调适优化，着力研发有权威、可复制、可推广的生态产品价值核算规范。

第二，强化生态产品价值核算成果应用。推进生态产品价值核算成果规划、进决策、进项目、进交易、进监测、进考核，加强在生态补偿、政府购买生态产品、生态资源权益交易等方面的应用。按年度开展生态系统生产价值核算并发布核算白皮书，以价值量动态衡量生态系统服务水平。

10.5.2.2　以搭建交易平台为重点，构建生态产品供需的精准衔接机制

基于生态产品供需双重增长的趋势，建立促进生态产品供需精准对接的服务平台，完善交易规则，畅通生态资源权益、生态产品进入市场的渠道，促进多方投资，助推"生态+农商文旅体"融合产业高质量发展。

第一，促进生态资源权益供需衔接。提升四川联合环境交易所功能，为碳排放权、用能权、排污权、水权等环境权益交易提供平台支撑，建成立足成渝、面向全国的生态产品交易市场中心。完善生态资源权益的评估定价、交易信息披露、交易监督等制度。鼓励政府机关、企事业单位、社会团体和个人自愿购买 CDCER（项目碳减排量），参与碳中和行动，打造一批"零碳旅游景区""零碳社区"等场景。

第二，促进生态农（林）产品供需衔接。推进具有规模经济效应、功能完善、配套齐全的中国西部花木交易中心（温江）、西南蔬菜交易中心（彭州）、中国粮油交易中心（崇州）等建设，助力生态农产品销售渠道扩展和价值增值。重点打造成都农交所、大西南木材交易中心（青白江）、四川省林产品交易中心（新都）、成都花木交易所（温江）、春天花乐园国际花卉产业园

（郫都）等林业生态产品交易平台。

第三，促进"生态+农商文旅体"融合产业投促衔接。争取举办绿博会等生态建设领域综合性博览会，积极申办中国森林旅游节、中国竹文化节等节庆活动，增强生态产品开发的市场影响力。常态化发布川西林盘、林业生态等投资机会清单，组织开展生态产品线上云交易、云招商，高效率对接市场主体和专业运营商。

10.5.2.3 以强化统筹开发为关键，构建"生态+"融合产业的提质升级机制

文化服务是生态产品价值的组成部分。成都市拥有丰富的景观资源和深厚的文化底蕴。挖掘生态产品的文化服务价值，构建生态产品与乡村新兴产业发展的协调互动格局是促进生态产品价值实现的重要路径。适应生态产品具有不可分性和西部片区可利用建设用地分散化布局的现实，以产业生态圈理念为指引，强化生态资源的整体性规划和统筹性开发，推进产业集群式发展。

第一，强化发展规划统筹。整体性编制生态资源产业化开发规划，并在统一规划基础上，强化整体招商、一体运营，建设特色林盘群落、生态走廊经济带等。推进村级规划编制覆盖，推广以城乡融合单元为载体的多村规划的整体编制模式，完善村规编制的人才、技术、资金等保障。

第二，强化土地资源统筹。探索建立村庄规划动态调整机制和以农村集体经济组织为主导的农村集体建设用地收储机制及整体利用机制，探索简化地块空间调整程序，在考虑产业协同基础上，精准把握"生态+文旅体"产业项目进入位置、时序等。

第三，强化多元主体统筹。支持多个村集体成立股份经济合作联合社，以集体经济联营体强化生态资源的综合性开发。鼓励龙头企业、中小型企业、农民合作社、集体经济组织等合作形成生态产业联盟，打破区域界限、主体疆界、产业边界，走规模化、集约化发展之路，形成"1+1>2"的协同效应。

第四，优化片区综合开发模式。综合福建省南平市"森林银行"经验，推广片区综合开发模式，推进"国有经济+集体经济+社会资本"联合组建综合性平台。首先，构建产权整合机制，集中化收储山、水、林、田、湖和农村集体建设用地等经营权或使用权。其次，构建专业化运营机制，设立专业运营公司负责不同区域、行业板块的规模化生态资产包，通过股权合作、特许经营、委托经营、租赁等方式，引入产业投资方，进行具体开发运营。最后，构建金融支持机制，依托合作金融机构或设立生态基金，支持"生态+农商文旅体"企业发展。

10.5.2.4 以完善绿色认证为路径，构建生态农业发展的价值提升机制

以绿色认证和品牌建设促进生态农产品价值提升，既是推进生态产品价值实现的重要路径，也符合成渝特色高效农业带建设要求和成都市农业精品化、高端化发展趋势。

第一，健全绿色农产品品牌孵化链条。一方面，补齐农产品生产管理和质量认证环节短板。完善生态农产品生产标准，健全农产品质量安全检测体系和追溯体系，引入农产品绿色认证机制，采用行业协会认证的方式进行产品信用。另一方面，要在更大力度地集聚品牌设计、营销资源的同时，加强与前端生产管理、绿色认证等环节之间的衔接，以农业园区为载体，以行业骨干型企业为支撑，系统化整合"标准生产+质量检测+产品认证+品牌宣传+营销流通"的农产品品牌孵化链。

第二，扩大绿色认证和品牌溢价惠及面。强化对小农户的服务支持，加大农业废弃物资源化利用、农业绿色生产技术等生产性服务供给力度，推广"龙头企业+农民合作社+小农户"、农业共营制、农业生产托管等模式，鼓励规模经营主体将农资、技术、渠道、品牌等共享给小农户。强化对小农户的政策支持，针对小农户不熟悉生态和绿色农产品认证申报流程和相关知识等问题，建立对绿色和有机农产品认证的过程指导、"代办"服务、认证费用补贴等制度，从而增强小农户分享生态品牌溢价增值的参与能力。

10.5.2.5 以拓展补偿方式为核心，构建生态产品保护的补偿平衡机制

加大对生态环境保护者的补偿力度，争取国家生态综合补偿试点，探索多元化、市场化的生态保护补偿方式，形成持续性更强的发展型生态补偿模式，从而弥补生态产品保护者的利益损失。

第一，加大对生态环境保护的财政纵向补偿力度。完善补偿标准动态调整机制，探索以生态产品价值核算结果为基本依据的生态补偿评价体系，推进生态产品单位面积价值量与生态补偿挂钩的精细化管理制度，综合保护效果、政府财力、社会需求等，适时调整生态补偿标准。探索政府集采生态产品制度，分担各类法人、集体经济组织等组织或自然人维护和提升生态产品价值的成本。完善补偿资金中省市县四级财政分担机制，明确不同层级政府资金分担比例。鼓励支持各区（市、县）探索适合本区域内的生态补偿模式。

第二，创新多元化、市场化补偿方式。基于生态涵养区内具有较强的生态旅游、民宿康养、自然教育等产业发展需求，推动成都西部片区各区（市、县）与其他受益的区（市、县）结对合作，为饮用水源保护地等生态涵养区产业发展提供针对性的产业扶持、人才培训、资金信贷等。先行开展市域内异

地开发补偿，在生态产品供给地的西部片区各区（市、县）和作为受益地的东部新区等区域之间相互建立"飞地"合作园区。重点开发龙门山生态保护带、天府绿道、川西林盘、湖泊湿地等重点生态工程碳汇，积极开发农业生产投入品减量化、测土配方减碳项目，争取优先纳入四川联合环境交易所运营平台，开展跨区域的水权、用能权等交易。

10.5.2.6 以优化利益导向为指引，构建生态产品价值的共营共享机制

立足于建立生态环境保护者受益、使用者付费、破坏者赔偿的利益导向这一基点，通过强化激励、硬化约束，倒逼政府、市场主体、村集体等多元主体树立保护生态环境的思想自觉和行为自觉，促进各方共同公平分享生态产品价值积累成果，激励生态产品供给能力和水平提升。

第一，健全激励约束机制。强化政府、市场等多元主体的生态责任担当，凝聚整体合力。首先，健全政绩考核与约束机制，完善生态保护责任追究制度，推广和健全GEP与GDP"双考核、双运行、双提升"机制。构建公园城市"两山"发展指数评价体系，完善生态美、百姓富指标评价机制。其次，健全覆盖市场主体、村集体的生态信用制度。制定生态保护、生态经营、绿色生活等领域的正负面清单，设立生态信用评价体系，分等级评价生态信用水平。将生态信用等级与市场主体、村集体的财政补助、绿色金融、产业扶持等挂钩。

第二，促进受益者与保护者之间权利义务平衡。推进生态产品受益者合理付费和保护者分享收益，促进双方权利义务对等、收益成本均衡，实现外部效应内部化。一方面，建立生态产品有偿使用制度。探索将村域内的空气、水源、景观等服务折算为货币化的生态股权，与农民合作社、企业等合作开发，让农民长期分享生态资产收益。建立土地出让面积与生态价值提升锚定制度，对国有建设用地供地、农村集体经营性建设用地入市等附加生态保护条件，实施生态产品价值评价，开发者需通过资金赔偿、生态产品价值量购买等方式承担环境损害责任。另一方面，构建精准化的生态补偿受益机制。推动以经营权证为财政补贴资金依据，促进林业生态补偿、耕地地力保护补偿、饮用水源地稻田生态补偿、湿地生态补偿等向实际经营者和生态保护者转移，解决生态补偿主体错位问题。

10.5.2.7 以多元资本导入为方向，构建生态产品供给的投入保障机制

加大对绿色金融政策支持力度，导入社会资本参与生态保护修复激励，促进财政资金、金融资本、社会资本等共同参与生态环境建设。

第一，引导金融资本投入。支持银行机构设立绿色金融专营机构，开发林

权、水权、用能权、碳资产等生态资源权益抵押融资等绿色信贷产品，鼓励银行机构依托生态信用，推出信用贷款产品。对开展绿色信贷的金融机构实施财政风险分担、税收优惠等政策支持。鼓励政府性融资担保机构为符合条件的生态产品经营开发主体提供融资担保服务。探索气象指数保险、环境污染责任保险等绿色保险业务，完善特色农业保险体系，鼓励更多的商业性承保机构加入特色农业保险市场，探索将特色农产品纳入政策性保险补助范围，并提升保障标准和水平。

第二，撬动社会资本投入。通过购买服务、先建后补、以奖代补、贷款贴息等方式，撬动社会资本投入大气、水和农村面源污染治理，天然林保护等生态建设领域。培育发展生态保护和环境治理市场，促进环境污染第三方治理、环境综合治理服务托管等服务业及新业态加快发展，培育专业化生态修复与生态产品经营开发机构。探索生态保护修复的产权激励机制，对开展生态环境综合整治的社会主体，在保障生态效益和依法依规前提下，允许其利用一定比例的土地发展生态农业、生态旅游等获取收益。设立绿色产业发展基金，通过阶段参股、跟进投资、直接投资、融资担保以及风险保障等方式，吸引社会资本进入生态农业、"生态+农商文旅体"融合产业等领域。对国家公园、国有林场、生态湿地等探索特许经营权方式，引入专业运管商开发经营，并保障公共设施和产业设施用地。

专栏 12：生态产品内涵及生态产品价值实现的主要路径

2010 年，《国家主体功能区规划》首次提出生态产品的概念，强调自然生态系统的多元服务功能。生态产品内容的多维性决定了其价值实现路径的多元化，以无形资产形式存在又决定了其很难直接实现交易，实现过程也更加复杂。

（1）生态产品的内涵。

一般认为，生态产品是指维系生态安全、保障生态调节功能、提供良好人居环境的自然要素，包括清新的空气、清洁的水源和宜人的气候等。与生态产品紧密相关的是生态系统服务与生态资产，前者是指人类从生态系统中获得的所有惠益，包括食物和水等物质供给服务，控制洪水和疾病等调节服务，精神、娱乐和文化收益等文化服务；后者是指在一定时间、空间范围内和技术经济条件下可以给人们带来效益的生态系统，包括森林、草地、湿地农田等。生态资产类似于"本金"，生态产品类似于"利息"。生态产品具有物质产品供给、生态系统调节服务以及文化旅游服务三大功能。

（2）生态产品价值实现的主要路径。

从生态产品的内涵可知，生态产品以无形形式所存在，具有流量特征和空间不可分性特征，决定了其生态价值转化实现具有多维性，生态价值转化实现需要合政府、企业以及社会各界力量。生态产品价值实现包括以下 3 大路径：市场路径，通过市场配置和市场交易，实现可直接交易类生态产品的价值；政府路径，依靠财政转移支付、政府购买服务等方式实现生态产品价值；政府与市场混合型路径，通过法律或政府行政管控、给予政策支持等方式，培育交易主体，促进市场交易，进而实现生态产品的价值。政府在生态产品价值实现中起到了主导作用，包括利益激励、行为约束、价值认证等，市场机制起到了显化生态产品价值、促进生态资源产业化开发与需求衔接等作用。生态产品价值实现主要模式包括生态资源指标及产权交易、生态修复及价值提升、生态产业化经营和生态补偿等。

专栏 13：生态产品价值转化实现的案例借鉴
——福建省南平市"森林生态银行"模式

为解决集体林权制度改革后林地分散化和生态资源碎片化，阻塞经济价值实现的问题，南平市于 2018 年首创"森林生态银行"模式，探索政府主导、企业和社会各界参与、市场化运作、可持续的，自然资源变资产的发展路径。

"森林生态银行"是参考银行"碎片化输入、整合化输出"模式，打造的自然资源集中收储和统一整治开发的中间运营平台，通过将低效率生态资源转换成优质资产包，并引入实力资本投资企业、优质运营管理企业，从而畅通资源、资产、资本之间的转换链条。其运行机制如下：一是搭建基础平台。南平市政府为发起人和总牵头方，授权下属出资人代表与合作企业共同出资成立南平市生态银行有限公司，该公司具公益性质，资产交易收入以满足成本为主。在"生态银行"设置专家委员会、大数据中心、收储中心、资产评估中心、研发中心、交易中心、风险防控中心等部门。二是整合与提升分散资源。对林地分布、森林质量、保护等级、林地权属等进行调查摸底，并开展确权登记工作，解决权属不清的问题。依托国有林场，以入股、托管、赎买、租赁等方式集中林地资源，组建专业队伍，实行科学管护，提升林业资源价值。三是实行专业运营。将自然资产分类（行业）分块（区域）打包形成产业包，对接资本市场，引入专业的产业运营商，发展木材经营、林下经济、森林旅游康养等"林业+"业态，并开发林业碳汇产品，探索"社会化生态补偿"模式。四是撬动金融资金。南平市政府与意向金融机构共同成立合伙型产业基金资金需求，主要通过产业基金方式解决，为"生态银行"的自然资源流转提供资金支持。

（1）浙江省丽水市生态农产品品牌赋能模式。

浙江省丽水市是全国首个生态产品价值实现机制试点市。"九山半水半分田"的地貌格局和交通信息限制，使得其农业发展面临着生产经营主体小而散、农产品品质优但品牌影响力不足等挑战。基于这一现实，丽水市按照"政府所有、生态农业协会注册、农发公司运营"的模式，创建覆盖全区域、全产业、全品类农业的"丽水山耕"区域公用品牌，促进生态价值纳入产品价值。

丽水市的主要做法包括：一是建立运营平台。2014年，丽水市国资委出资的国有独资企业——丽水市农业投资发展有限公司，负责品牌运营，结合消费者心理，对品牌定位、品牌理念、渠道构建等进行全面策划。二是建立产品认证和质量追溯体系。2017年9月，中国国家认监委批复同意"丽水山耕"在浙江省开展全国首个区域公共品牌认证试点工作。丽水市相继制定食用种植产品、食用淡水产品、畜牧产品和加工食品4个标准，成立"丽水山耕"国际认证联盟以开展产品信用认证。搭建产品质量安全追溯平台，建立生态农产品的"身份标识"。按照"产地直供，检测准入，全程追溯"要求，企业可自愿提出品牌合作申请，经业务主管部门现场检查、检验合格，成为市生态农业协会会员后，方可推荐加入"丽水山耕"品牌合作。三是推进品牌营销。建立电商、店商、微商"三商融合"线上线下营销体系，参加、举办农博会名特优新农产品交易会等会展活动，与浙江省机关后勤经济发展中心、浙江省旅游局以及知名企业合作，布局销售网点，推荐品牌和生态农产品。四是完善保障机制。强化品牌质量监管，建立约束企业行为的保证金制度，实施政府采购等项目中优先采购，建立品牌建设绩效评估制度并进行考核。

（2）美国湿地缓解银行模式。

近40多年来，美国联邦湿地银行政策经历了由湿地开发到湿地保护的政策演变过程。20世纪70年代以后，美国政府开始制定湿地保护政策。1988年，布什总统提出湿地"零净损失"目标；随后，克林顿政府强调湿地"零净损失"目标；小布什政府又提出了超越"零净损失"的新政策目标。在此背景下，美国湿地银行应运而生。湿地生态补偿银行是指一块或数块已经恢复、新建、增强功能或受到保护的湿地，由第三方新建或修复湿地并出售给其他开发者，以帮助后者履行其法定补偿义务，目的是保护湿地、抵消开发活动对自然生态系统的影响，这是一种市场化的补偿机制。

湿地生态银行的运作方式类似于我国的耕地占补平衡政策，其主要做法为：一是培育湿地补偿需求。建立工程许可审批制度，政府部门和企业在项目规划设计阶段，就必须充分考虑其对湿地、河流和其他自然生态系统的影响，允许项目开发者采用补偿生态环境损失的方式（如购买湿地信用）来抵消损害，只有当补偿完成之后，才能获得项目开发的许可，由此培育了专门提供补偿的湿地缓解银行业务。二是明晰各方权责。购买方是从事开发活动、对湿地造成损害的开发者，包括个人、企业或政府部门，购买方通过从已经完成的湿地缓解银行中购买湿地信用后，其补偿生态破坏的责任以及对缓解银行地块的绩效指标、生态成效进行长期维护和监测的责任全部转移给了销售方。销售方一般是湿地缓解银行的建设者和生态修复公司，包括建立和管理缓解银行的私营企业、地方政府机构、个人土地所有者等，享有对湿地信用进行定价、出售、转让和核销的权利，承担湿地银行的设计、申请、建设、长期维护和监测责任。三是强化有效监管。政府是市场化生态补偿体系的监督机构，其中，美国陆军工程兵团对破坏湿地、溪流和通航水道的开发项目以及湿地缓解银行项目进行审批，并负责监管湿地银行的设立、建设、出售和长期管理等；美国环境保护署参与缓解银行项目的审批，并负责跟踪和监测，建立"跨部门审核小组"进行项目审批，小组成员可能会因项目的位置、规模和性质不同而有所区别。

参考文献

[1] 马克思，恩格斯. 马克思恩格斯选集：第 1 卷 [M]. 中共中央马克思恩格斯列宁斯大林著作编译局，译. 北京：人民出版社，2012.

[2] 马克思，恩格斯. 马克思恩格斯选集：第 12 卷 [M]. 中共中央马克思恩格斯列宁斯大林著作编译局，译. 北京：人民出版社，1956.

[3] 马克思，恩格斯. 马克思恩格斯全集：第 20 卷 [M]. 中共中央马克思恩格斯列宁斯大林著作编译局，译. 北京：人民出版社，1956.

[4] 列宁. 列宁全集 [M]. 中共中央马克思恩格斯列宁斯大林著作编译局，译. 北京：人民出版社，2017.

[5] 斯大林. 斯大林选集 [M]. 中共中央马克思恩格斯列宁斯大林著作编译局，译. 北京：人民出版社，1979.

[6] 斯大林. 斯大林文集 [M]. 中共中央马克思恩格斯列宁斯大林著作编译局，译. 北京：人民出版社，1985.

[7] 芒福德. 城市发展史：起源、演变和前景 [M]. 宋俊岭，倪文彦，译. 北京：中国建筑工业出版社，2005.

[8] 色诺芬. 经济论：雅典的收入 [M]. 张伯健，陆大年，译. 北京：商务印书馆，1961.

[9] 柏拉图. 柏拉图全集：第 2 卷 [M]. 王晓朝，译. 北京：人民出版社，2003.

[10] 卢森贝. 政治经济学史 [M]. 翟松年，等译. 上海：三联书店，1959.

[11] 阿奎那. 阿奎那政治著作选 [M]. 马清槐，译北京：商务印书馆，1963.

[12] 莫尔. 乌托邦 [M]. 戴镏龄，译. 北京：生活读书新知三联书店，1957.

[13] 圣西门. 圣西门选集：第 1 卷 [M]. 董思良，赵鸣远，译. 北京：

商务印书馆，1982.

[14] 傅立叶. 傅立叶选集：第1卷 [M]. 汪耀三，庞龙，冀甫，译. 北京：商务印书馆，1982.

[15] 欧文. 欧文选集：第1卷 [M]. 柯象峰，译. 北京：商务印书馆，1979.

[16] 斯密. 国民财富的性质和原因的研究 [M]. 郭大力，王亚南，译. 北京：商务印书馆，1972.

[17] 李嘉图. 政治经济学及赋税原理 [M]. 郭大力，王亚南，译. 北京：商务印书馆，2009.

[18] 马歇尔. 经济学原理 [M]. 朱志泰，陈良璧，译. 北京：商务印书馆，2019.

[19] 赵遁抟. 欧美经济学史 [M]. 上海：东方出版社，2007.

[20] 郭熙保. 发展经济学经典论著选 [M]. 北京：经济科学出版社，1998.

[21] 易赛键. 城乡融合发展之路：重塑城乡关系 [M]. 北京：红旗出版社，2019.

[22] 徐同文. 城乡一体化体制对策研究 [M]. 北京：人民出版社，2011.

[23] 李宁，陈利根. 农地产权结构细分与市场发展的关系研究：以"两田制"为例的理论阐释 [M]. 南京：社会科学出版社，2016.

[24] 吴敬琏. 当代中国经济改革教程 [M]. 上海：远东出版社，2010.

[25] 盛洪. 现代制度经济学 [M]. 北京：北京大学出版社，2003.

[26] 罗必良. 产权强度、要素禀赋 [M]. 北京：经济科学出版社，2013.

[27] 黄季焜，等. 制度变迁和可持续发展：30年中国农业与农村 [M]. 上海：格致出版社，2008.

[28] 马晓河. 2011. 中国城镇化实践与未来战略构想 [M]. 北京：中国计划出版社，2011.

[29] 李杰，周松. 中国样本：对重庆和成都建设"全国统筹城乡综合配套改革试验区"的思考 [M]. 桂林：广西师范大学出版社，2008.

[30] 屈小博，程杰，陆旸，等. 城乡一体化之路有多远：成都市郫都区战旗村 [M]. 北京：中国社会科学出版社，2019.

[31] 贺雪峰. 大国之基：中国乡村振兴诸问题 [M]. 上海：东方出版社，2019.

［32］北京大学国家发展研究院综合课题组. 还权赋能：奠定长期发展的可靠基础：成都市统筹城乡综合改革的调查研究［M］. 北京：北京大学出版社，2010.

［33］刘守英，周飞舟，邵挺. 土地制度改革与转变发展方式［M］. 北京：中国发展出版社，2012.

［34］周其仁. 城乡中国［M］. 北京：中信出版社，2017.

［35］陈伯君. "逆城市化"：一个美丽的转身［J］. 理论参考，2010（2）：49.

［36］刘守英，龙婷玉. 城乡融合理论：阶段、特征与启示［J］. 经济学动态，2022（3）：21—32.

［37］魏后凯. 深刻把握城乡融合发展的本质内涵［J］. 中国农村经济，2020（6）：5-8.

［38］陈坤秋，龙花楼. 中国土地试产对城乡融合发展的影响［J］. 自然资源学报，2019（2）：276.

［39］周德，戚佳玲，钟文钰. 城乡融合评价研究综述：内涵辨识、理论认知与体系重构［J］. 自然资源学报，2021，36（10）：2634-2651.

［40］杨荣南. 城乡一体化及其评价指标体系初探［J］. 城市研究，1997（2）：19-23.

［41］张克听，莫豫佳. 经济发达地区城乡融合发展水平［J］. 当代经济，2021（1）：30- 34.

［42］李晓莹，李强. 关于城乡融合发展的近期研究文献综述［J］. 商业经济，2021（11）：19-22.

［43］魏后凯. 深刻把握城乡融合发展的本质内涵［J］. 中国农村经济，2020（6）：5-8.

［44］刘守英，龙婷玉. 城乡融合理论：阶段、特征与启示［J］. 经济学动态，2022（3）：21-32.

［45］秦清芝，杨雪英，张元. 政府公共权力视域中的城乡融合发展路径研究［J］. 江苏师范大学学报（哲学社会科学版），2020（5）：102-112.

［46］石淑华，王曦. "十四五"时期推进新型城镇化高质量发展的思路与对策［J］. 江苏师范大学学报（哲学社会科学版），2021（5）：98-109.

［47］王克稳. 论市场主体的基本经济权利及其行政法安排［J］. 中国法学，2001（3）：3-17.

［48］李志勇. 双重双轨制再分配模式运行缺陷及改革思路［J］. 公共财

政研究, 2015 (3): 70-76.

[49] 王振坡, 梅林, 詹卉. 产权、市场及其绩效: 我国农村土地制度变革探讨 [J]. 农业经济问题, 2015 (4): 44-50.

[50] 匡远配. 我国城乡居民收入差距: 基于要素收入流的一个解释 [J]. 农业经济问题, 2013 (2): 76-84.

[51] 杨雪峰. 资本下乡: 为农增利还是与农争利? [J]. 公共行政评论, 2017 (2): 67-83.